馬力歷險記 3 之可可島寶藏
(繁體字版)

The Adventures of Ma Li (3) : The Treasure of Cocos Island
(A novel in traditional Chinese characters)

B杜

British Library Cataloguing-in-Publication Data. A CIP catalogue record for this book is available from the British Library.

ISBN 978-1-913080-85-3 (ebook)
ISBN 978-1-913080-84-6 (print)

For my Family

第1章・黃瓜區教育局的來信

從亞馬遜雨林回來後，馬力的心情悲喜交織，喜的是父母不久前還出現在黃金國；悲的是他們和啟塔星人一同消失，目前下落不明。

葛家人同樣悲喜交織，喜的理由和馬力如出一輒，悲的是他們已經在地球上待了近兩年，如今馬力的父親依舊杳無音訊，代表他們得繼續待著，這不是他們想要的 。

“孩子們，好久不見，聽說你們完成任務了，恭喜！”巫老師說。

再度看到那張甜美的笑臉，對於心有遺憾的馬力來說，不無小補。

“哎～”孩子們先後嘆氣。

“怎麼是這個反應？我以為你們會開心地歡呼起來。”

行空推一推他的黑框眼鏡，答：“其實沒有完成任務，只不過證實了啟塔星人是綁匪，馬力的父母到現在還是不知所終。”

“噢！可憐的孩子。”說完，巫老師過來擁抱馬力。

幸福來得太快，馬力還來不及享受這個過程，女神就放開他，只留下淡淡的香水味，像混合了蜜柑和海洋的氣息。

“你們有誰能告訴我這次任務都經歷了什麼？”巫老師問。

於是四個孩子你一言我一語地爭相告知，不論當時有多麼驚險，現在說起來卻樂多於苦。

“這麼說，啟塔星人取走了黃金國的所有黃金和寶石，”巫老師喃喃道，“既然如此，為什麼還要繼續控制馬力的父母？”

“馬力以為啟塔星人還會回到地球取走更多的黃金和寶石，留著他父母有助於完成使命。”叮叮說。

“誰讓妳多嘴？”馬力怒不可遏地問。

“難道不是？”

馬力的確這麼想，但沒有任何徵兆顯示啟塔星人做此打算（但願是，否則他的父母凶多吉少），他很害怕這是自己一廂情願的想法，同時也不高興有人讀出他的心思。

“當然不是。”他假裝信心滿滿，“我父母應該已經逃離啟塔星人的魔掌，他們沒多久就會回來。”

“都這麼多天過去了，要回來早回來了。”咚咚說。

話說得沒錯，但聽在耳裡很不舒服，彷彿預告他的父母已經遭遇不測，要不就是不要他了。

“我說他們一定會回來，你們怎麼就是聽不明白？”馬力嘶吼完，衝出教堂。

他以為巫老師會出來找他，結果沒有。這正好，他需要時間和空間獨處一下。

此時小教堂外天朗氣清、惠風和暢，一切是那麼的美好。突然，一個白色的動態影子朝他而來，由遠及近。

“早！”剎車聲響起。

說話的是郵差，身上無一不白。

“巫老師不在。”馬力故意說。

“今天沒有咘咘的信件，”他從白色單肩包裡取出一個牛皮紙信封，“這是你的，看樣子是從政府機關寄來的。”

“你怎麼知道？”

郵差答看信封就知道了，只有政府機關會使用牛皮紙信封。

馬力沒注意到是不是只有政府機關會使用牛皮紙信封，但此信封上明明寫著寄信人是黃瓜區教育局（他的戶口所在地），這不明擺著？

“謝謝！”馬力收下信件，“對了，巫老師的名字叫巫咘咘，你可以叫她巫老師、巫小姐或巫咘咘，但請不要叫她咘咘，因為只有最親近的人才可以這麼叫。”

郵差微微一笑，答：“你真可愛，再過個五年，也許我就不是你的對手了。”

馬力問這是什麼意思？

“就是......”他停頓了一下，“就是打不贏你的意思。”

馬力心想這個答案未免可笑，郵差的氣色雖然比以前好，但仍是個病人，馬力只需一根手指頭就能擊垮他，何需等五年？

“你記住了，我會跆拳道，也會空手道，反應很靈敏，所以……”馬力伸出拳頭，“別存壞心眼。”

第2章·楊坨

巫老師來喚馬力進去時，他把收到教育局的來信一事告知。

“除了這個，楊坨還說了什麼？”巫老師問。

“羊駝？妳指每個月送金銀珠寶來的羊駝？”

“不是那個羊駝，”她笑了，“是楊樹的楊，一坨泥巴的坨，這是郵差的名字。”

“楊坨……”馬力忍不住聯想起羊駝，“我……我還是叫他郵差吧！郵差說單看牛皮紙信封就知道是政府機關寄來的，因為只有政府機關會使用牛皮紙信封。”

“就這樣？”

馬力想了一想，答：“他還說我很可愛，再過個五年，也許他就不是我的對手了。”

巫老師問這是什麼意思？

“就是......就是他打不贏我的意思。”

“楊坨是個很溫柔的人，我相信他不會使用武力解決問題才是。對了，你對他有什麼看法？”

誠如巫老師所言，郵差的確不像會動粗，偏偏這是郵差本人給的答案。還有，如果馬力記得沒錯的話，剛從西藏回來沒兩天，巫老師也曾問過他對郵差的看法，莫非她忘了？

“除了由老師變成病人，再由病人變成郵差的經歷頗為傳奇外，我看不出他和別人有什麼不同。”

“是嗎？我感覺他挺特別的，學識既淵博，待人又誠懇，是我遇到過最好的人。”

馬力不知道郵差的學識淵不淵博，但待人倒是可以，除了和自己的女神走得太近讓他很不爽外，沒什麼大毛病。

“世界上不缺學識既淵博，待人又誠懇的人，但可不是每個地球人都能接受綠血人。”馬力說。

“真的嗎？”巫老師突然眉頭深鎖，“也許下次我問問他能不能接受。”

馬力心想這未免也太冒險了？！郵差能不能接受事小，萬一他洩露出去，引起科學界、醫界、天文界，乃至政界的關注，那無疑會帶來可怕的後果。

雖然內心不以為然，但馬力仍言不由衷地答：“也好。”

第3章•物理競賽

晚餐桌上，方臉大叔問馬力：“聽說你今天收到信了？”

“嗯！是黃瓜區教育局寄來的，要我回戶口所在地參加初中物理競賽。”

叮叮問：“為什麼是你？你的物理很厲害嗎？”

這也是馬力不解之處，初二才開始有物理課，而他初一下學期就已經離開原來的學校了。

悲傷阿姨緊接著問如果考不好，會不會受到處罰？

“應該不會，頂多丟臉而已。”馬力答。

方臉大叔不苟同，他猜想是福利院使的招數，如果馬力的成績不佳，代表收養家庭不行，馬力又得重回福利院。

馬力不認為這個擔憂是正確的，因為他的在校成績一向平平，再說了，成績不好不代表收養家庭就不好，這是兩回事。

“對了，你怎麼知道我今天收到信了？”馬力問方臉大叔。

“早上我見到郵差，他告訴我的。”

“你為什麼會見到他？難道你也收到信了？”

“嗯！出發到亞馬遜雨林前，我申請擴建房屋，市政府同意了，所以發來公函。由於我們離家數月，郵差找不到人簽收，直到今日才完成任務，這還得感謝巫咘咘，沒有她，郵差早把信給退回去了。”

擴建房屋？四個孩子齊問緣由。

悲傷阿姨答：“你們都大了，應該有自己的房間。”

這真是突如其來的好消息！馬力等不及要擁有自己的房間，這樣就不會被半夜夢遊的行空給吵醒了。

“你今天只收到一封市政府寄來的信嗎？”咚咚忽然問自己的父親。

“兩封，另外一封是......”

“葛立～”悲傷阿姨大喊，但隨即降低分貝，“你的嘴巴粘上醬汁了。”

今天他們吃燒烤，不止嘴巴有醬汁，雙手也粘糊糊的，只是馬力不明白悲傷阿姨為什麼要在這個時間點提這個？

方臉大叔用手抹去嘴巴上的醬汁後，催促大家趕緊吃，因為吃完還得學習呢！

記得剛從西藏回來時，好歹有幾天相對清閒的日子，沒想到這次只休息了一天。

馬力很想抗議一下，但一想到這家人全是書蟲，他寡不敵眾，還是免了吧！

於是他埋頭苦“吃”，至少得確保自己在漫漫長夜裡不會肚餓才行。

第4章·左右為難

進到墨青色房門的房間後，馬力瞪著自己的書桌好一會兒，依然決定不了該學習什麼，只好轉頭問行空：“嘿！你在做什麼？”

“我在研究金礦，原來地球的最大金礦在南非。”

馬力不知道地球的最大金礦是不是在南非，但行空研究這個幹嘛？

他答因為啟塔星人。

“啟塔星人？你指綁架我父母的外星人？”

“沒錯。他們急需黃金，這也是當初他們攻擊馬爾星以及後來洗劫黃金國的原因，只是我很好奇，既然南非擁有最大的金礦，他們為什麼不到那裡去，反而選擇亞馬遜雨林？”

“這有什麼好奇怪的？看樣子啟塔星人只派了一架飛行器過來，勢單力薄，難道要他們把整個南非礦區給搬回到啟塔星？”馬力說。

“嗯......”行空推一推他的黑框眼鏡，“也就是說，除非發動大規模攻擊，否則啟塔星人的目標只會是已提煉好的黃金製品。”

經他這麼一提醒，馬力首先想到的便是各國央行的金庫，它們將成為首要的攻擊目標。

“行空，啟塔星人的兵力如何？能不能拿下整個地球？”馬力問。

“拿下應該不成問題，但我不認為他們會如此做，因為地球是¥#€$星人的實驗場，如果整個破壞掉或佔領，會引起宇宙糾紛，所以頂多只能做到掠奪資源。”

這是馬力第二次聽說地球是個實驗場，上一次還是聽叮叮提起。

既然啟塔星人不會明目張膽地攻擊地球，馬力遂大膽假設他們會把精力擺在尚未被發現的黃金製品上，譬如……寶藏。

這個假設得到行空的支持，他也是這麼想的。

"可是寶藏有沒有還是個未知數，人云亦云的傳說居多，這要如何判斷真偽？"馬力又問。

"我反倒比較擔心啟塔星人還會不會回來？畢竟宇宙中有黃金的星球可不止地球一個。"

聽行空這麼一答，馬力不禁犯難，倘若啟塔星人從此放棄地球，那麼他與父母見面的機會微乎其微，但如果重返，地球難免遭殃，這如何是好？

行空說最好的狀況便是啟塔星人把馬力的父母安全地送回來，又不損害地球，因為時間不多了。

"什麼意思？"馬力問。

"我們身上流淌著的綠色血開始變渾濁，這不是個好現象。"他答。

葛家人在地球上已經待了近兩年，如果繼續待著，身上的綠色血最終會變成紅色，所有的“超能力”也會跟著消失，到時想再飛離地球就難了。

“看來只能祈禱奇蹟出現。”馬力喃喃道。

“對了，你的競賽準備得怎麼樣？”行空忽然問。

“什麼競賽？”

“你不是參加物理競賽？”

行空不提，馬力還真忘了。

“巫老師沒教，我不知該從何準備起。”馬力說。

講起巫老師，她的上課方式很隨意，孩子們想上什麼就上什麼，還經常上到一半就沒下文，等於是“蜻蜓點水”式教學，以致到現在馬力還不知道“物理”為何物？

行空答生活中的物理現象俯拾皆是，好比熱水冒白煙、發光的燈泡、彩虹原理、用吸管喝飲料……等，即使巫老師沒教，只需多加觀察，再找相關書籍自學即可。

“行空，你們的星球考不考試？”馬力好奇一問。

“不考，學習是自己的事，只要自己滿意了就行。”

馬力心想難怪行空會那麼豁達，讓他當一回地球人試試，不拼命刷題是考不出好成績的（而成績的好壞直接影響出路，至關重要）。

“行，我這就去找書學習。”馬力起身。

當他下到圖書館，機器人葛巫問有什麼可以效勞？

“請給我初中物理課本。”馬力說。

“沒有。”

“什麼？”

“沒有。”

馬力忽然想到外星人的學制應該沒有小學、初中、高中、大學等的區分，於是答：“請給我《初級物理》。”

這次葛巫很快找來，馬力拿上書，轉身走回房間。

第5章•行空的眼鏡

所有的科目當中，馬力的數學成績最差，聽說左腦為理性思維，右腦為感性思維，換言之，馬力的左腦肯定不發達（也就是說，他的物理成績也好不到哪裡去）。這個新發現多少給他帶來安慰，因為面對初級物理，他真的有看天書的無力感。

“咕咕咕……咕咕咕……”

聽到叫聲，馬力起身往窗外看去，一個白色的身影在木柵欄和橡樹間來回跳躍。

又是白雪！

這隻雞從亞馬遜雨林回來後，精力更加旺盛，咕咕叫的聲音可以持續大半夜，可是葛家人好像不以為意，依舊該吃吃該喝喝。

“行空，你就不能管管你的雞嗎？”馬力一轉頭，發現行空已經入睡，“哎！這麼吵也沒被吵醒，真是服了！”

本來事情到這裡已經結束，但今晚不知怎地，行空的眼鏡如芒刺在背，馬力決定除之而後快。

“你在幹嘛？”行空睜開惺忪的睡眼問。

“幫你摘眼鏡，你老戴著睡覺，不會不舒服嗎？”

行空答不會，他連洗澡也戴著，不戴才不舒服呢！

馬力忽然想到馬爾星人都有“超能力”，怎麼可能連小小的近視也解決不了？

“嘿！你近視多久了？”馬力問。

“我沒近視，戴它是因為這副眼鏡具顯微鏡功能，任何時候想觀察微生物，只要觸碰一下鏡架上的按鈕即可。”

馬力嚇得瞠目結舌，同處一室這麼久了，他竟然不知那副眼鏡內有乾坤，簡直太不可思議了！

“你能看到我的鼻頭上有幾根汗毛嗎？”馬力決定測試一下，遂問。

行空碰了碰鏡架，接著將目光打在馬力的鼻頭上。

“你的鼻頭上有11根汗毛、97條汗腺和22個溢脂毛孔。對了，其中一個毛孔被皮脂阻塞了，應該很快會長痤瘡，也就是青春痘。”

馬力知道青春痘，當他還住在黃瓜區金絲路時，巷口的大哥哥就是滿臉青春痘，看起來很嚇人，讓他聯想到癩蛤蟆的皮膚。

“別胡說！我不可能長青春痘。”馬力挺不高興地答。

“算我沒說，你還有事嗎？”

“沒了。”

“那我睡了。”

不過幾秒鐘的時間，行空就打起鼾來，這未免也太快了？！

此時，馬力才想起的確還有事要說，可惜晚了。

“算了，明天再讓他管管白雪。”說完，馬力爬到上鋪躺下，希望自己能夠像室友一樣安然入睡，即使屋外的咕咕聲依舊響亮 。

第6章•山雨欲來

隔天吃早餐時，馬力提起白雪太吵，建議每晚睡前都給它戴上嘴套。

“吵嗎？我一點兒也不覺得。”行空說。

“我也是。”、“我也是。”、“我也是。”……

葛家人異口同聲地說，害馬力孤力無援。

“你們看到我的黑眼圈沒？”他指著自己的眼睛，“再這麼下去，遲早我會暴斃。”

叮叮仔細端詳後，表示黑眼圈沒看到，倒是他的鼻頭紅紅的，像被蟲子咬了。

馬力不信，衝到洗手間照鏡子，果然看到鼻頭上有個紅色突起。

“沒事，應該很快會消下去。”他安慰自己。

突來的變化讓馬力把吵鬧的雞放在一邊，他回房找來創可貼貼在鼻頭上，希望紅腫能儘快消除。

回到餐桌，他的怪異模樣惹得叮叮、咚咚捧腹大笑。

“好了，別笑馬力了，趕緊吃完早餐好上學去。”悲傷阿姨說。

吃完早餐，每個孩子都得到一個沉甸甸的袋子，裡面裝著他們的午餐。

“中午吃三明治。”上車後，坐在馬力身旁的行空說。

“我知道，可是我不喜歡吃冷掉的三明治。”

“那也沒辦法，現在巫老師不用自己準備午餐。”

說到這個，馬力就來氣，本來午餐時間是他一天當中最期待的，自從郵差加入後，一切都變了，他再也不能和巫老師交換午餐吃，只能啃生冷的三明治，真是今非昔比！

“我不明白郵差為什麼非得和我們一起吃午餐不可，他就不能自己吃嗎？”馬力憤憤不平地說。

“這有什麼不明白的？他愛她，她也愛他，兩人找機會共度美好時光呀！”咚咚答。

“就妳事多！”馬力投過去怨懟的眼神，“巫老師從來沒說過她愛郵差。”

“哈哈！笑死我了。”叮叮笑得前仰後合，“她若要說也是私底下說，怎麼可能公開說？”

馬力正要反駁，方臉大叔忽然說：“看！山的那頭烏雲密佈，怕是要下大雨了。”

為了讓居住地更像馬爾星，葛家人讓原本四季分明的氣候成了“四季如春”，不過這只限他們所居住的房屋附近以及房車所到之處，離開這個範圍，該咋咋地。

馬力心想這下可好了，郵差肯定來不了。這個想法讓他心情愉悅，忍不住哼起歌來。

第7章•有心機的男人

下車後，馬力看到立在教堂門口等著迎接他們的巫老師，立即精神百倍地走上前去。

“馬力，你怎麼了？”巫老師睜大眼睛問。

“什麼怎麼了？”

“你的鼻子......”

巫老師不說，馬力還真忘了他的鼻頭上正貼著一塊創可貼。

“沒什麼。”他搗住鼻子，感覺難為情極了。

“嘻！馬力的鼻子被蟲咬了。”叮叮不嫌事大地說。

馬力正想懟回去，沒料到巫老師表示被蟲咬，貼創可貼是沒用的，她有藥膏，要馬力跟她到廚房間。

這是第一次馬力不煩叮叮多嘴，反而心生感激。

來到廚房間，巫老師小心翼翼地把創可貼撕下。

“這看起來不像被蟲子咬，中間還有個白點。”她說。

馬力記得不久前還沒有白點，是什麼時候有的？

“會不會是蟲子下的蛋？”馬力問。

“你真可愛，”巫老師笑了，“蟲子下的是卵，不是蛋，而且蟲子產卵向來是成百上千個，不會只有一個。”

馬力很懊惱自己在女神面前表現得像個傻子，趕緊轉移話題，問：“妳的藥膏在哪裡？”

“在我的包裡。”說完，巫老師走向儲物櫃，拿出放在裡面的包。

這是一個很具民族風的草編包，上面還有紅色流蘇，怎麼看都不像附近集市會賣的東西。

“我沒看過這個包。”馬力說。

“當然，這是你們去亞馬遜雨林時，楊坨親手編織送我的。”

馬力可以想像郵差為了討巫老師歡心，在夜燈下苦苦編織的情景，這城府實在太深了！

“要我說，那個包跟妳的氣質完全不搭，而且紅色流蘇看起來很俗氣。”

“是嗎？我倒挺喜歡的，尤其這東西還是世上唯一。”

完了，巫老師竟然被一個包給收買了，馬力想著怎麼也得把她往回拉才行。

“草編我也會，下次我送一個更好的給妳。”

“不用了，我很少外出，一個包已經足夠。”

巫老師的拒絕讓馬力很氣餒，誰勝誰負不明擺著？

“好了，”巫老師終於塗抹完藥膏，“希望明天你的鼻子就不紅了。”

“但願如此。”馬力無力地答。

第8章•出乎意料

“孩子們，今天又是朝氣蓬勃的一天，你們想先上什麼課？”

巫老師一說完，馬力問：“能談談目前還未被發現的寶藏嗎？”

“當然可以，不過你為什麼對此感興趣？”

馬力還沒來得及回答，行空搶先一步說出答案。

“可憐的孩子，”巫老師望向馬力，“你一定很想念父母，希望啟塔星人能善待他們。”

馬力感覺巫老師簡直是上天派來的天使，總能在他最脆弱無助的時候給予力量。

“老師，妳還沒告訴我們哪裡有寶藏。”叮叮說。

“講到寶藏，地球上的傳說可多了，如果要談，談個七天七夜也談不完，因為其中有真有假。”巫老師答。

“那麼就講真的吧！”馬力說。

“這個也有難度，雖然目前地球上的科學家可以用光學的方法發現金礦，但想找到埋藏實物黃金的地點卻很難，除非……”

馬力問除非什麼？

行空再度搶答：“除非從外太空俯瞰地球，再用透視儀透視，但也只有量大到一定的程度才會顯示出來。”

這可真是個難題！

“對了，你們怎麼知道啟塔星人已經離開地球？也許他們還在地球上也說不定。”巫老師突然問。

馬力答當他們在拉諾斯大草原時，聽到了詭異的聲音，像是飛行器所發出來的，結合黃金國現場沒有他父母的蹤跡，所以推測啟塔星人極有可能已經挾帶人質及大量黃金飛回啟塔星了。

“極有可能？也就是說不是百分百確定。”巫老師喃喃道。

叮叮插嘴：“是不是百分百確定不清楚，但當馬力抱住我媽痛哭流涕時，我看到天空中有飛行器的身影，雖然只是個小光點，可是不會錯的，的確是飛行器。”

馬力責備她怎麼不早說？叮叮解釋當時看他哭得那麼傷心，不想火上加油。

“不對，”行空推一推他的黑框眼鏡，“時間沒對上，他們應該老早就已離開地球，除非......”

“除非什麼？”馬力急得跳腳，“你倒是快說呀！”

“除非啟塔星人的飛行器後來出了問題，所以才會一直無法飛離地球的引力範圍。”

這個回答太出乎意料，如果啟塔星人的飛行器真的出問題，指不定又會重返地球，那麼......

聽馬力這麼一分析，巫老師很快指示叮叮關燈，接著打開投影機。

第9章•初露曙光

聖壇後的牆壁亮起，馬力看到的是一張世界地圖......不，更確切地說是墨西哥以南的美洲地圖。

“這是拉丁美洲地圖，包括墨西哥、中美洲、西印度群島和南美洲，之所以稱為拉丁美洲是因為這裡的居民都隸屬於拉丁語族。”巫老師的筆指向地圖的中央位置，“這是亞馬遜雨林，你們剛從那裡回來，應該不陌生。如果啟塔星人的飛行器真的出了問題，那麼最可能的狀況便是在雨林附近降落，你們認為會是哪裡？”

亞馬遜雨林大部分在巴西境內，所以飛行器可能就近降落在巴西，但北部的委內瑞拉、圭亞那、蘇里南也不無可能。

再遠一點兒，加勒比海灣的眾小島一樣不能排除在外……

馬力無奈地表示看樣子可降落的地點多了去，這無疑大海撈針。

“才不呢！從墜落的方向看，應該是在北緯19度，西經80度的地方。”叮叮說。

“墜落？”馬力揚起聲，“什麼時候的事？”

叮叮回答當她的父母正忙著安慰他時，天空中的小亮點突然像流星一樣劃過，如果沒有外力干擾，應該會直線墜落在北緯19度，西經80度附近。

“妳怎麼現在才說？”行空問。

“我不知道該不該說，萬一機毀人亡，馬力豈不是又要哭鼻子了？”

叮叮不說還好，一說觸動了馬力的淚腺，他真的紅了眼眶。

“噢！可憐的孩子。”巫老師走過來擁抱馬力，“叮叮說的不過是萬分之一的可能性。據我所知，即使飛行器墜落導致機毀，但人亡的機率很小，因為飛行器內有特殊的安全裝置。”

“是真的嗎？”馬力拭去眼淚問。

“是真的，”行空搶答，“原理好比胚胎在培養液裡一樣，再怎麼搖晃，胚胎還是安全的。當然，個別情況也是會有的。”

這麼一解釋，馬力好過多了。

看馬力平靜下來，巫老師重回聖壇，說：“既然叮叮給了線索，那麼我們來看看那個經緯度會是哪個國家。”

第10章•古巴咖啡

“原來是這個國家。”巫老師輕嘆。

“為什麼這麼說？莫非妳去過？”馬力問。

“沒去過，但喝過那裡的咖啡。”

“既然沒去過古巴，怎麼會喝到古巴咖啡？”馬力又問。

叮叮笑得前仰後合，馬力怒目相視，問她笑什麼？

“家裡的黃油來自新西蘭，我們也沒去過新西蘭呀！”

馬力答那不一樣，古巴經濟落後，在國際上缺乏競爭力。既然市場上少有這個國家的產品，巫老師卻喝到了，這不挺奇怪的？

經他這麼一解釋，雙胞胎姐妹及行空也覺得有道理，紛紛詢問為什麼。

“其實也沒什麼，”巫老師紅了臉，“有人送我的啦！”

“一定是郵差！”咚咚搶著下結論。

馬力心想：“死八婆！什麼事都要帶上郵差，簡直沒救了。”

沒料到下一秒巫老師就承認咖啡的確是郵差送的，因為他的朋友從古巴旅遊回來，給他帶了當地特產。

“味道怎麼樣？很苦吧？！”馬力故意問。

“是很苦，所以我加了糖。”巫老師答。

行空問能不能也讓他嚐嚐？

“沒問題，就現在。”

看著一大三小的背影，馬力有向教育局投訴的衝動（課上得隨意也就罷了，期間還帶隊進廚房，簡直任性得可以）。當然，這只是想想而已，巫老師是馬力的女神，愛護都來不及，怎麼可能投訴她？

“馬力，你怎麼還沒過來？”巫老師喊著。

“這就來。”說完，他趕緊跟過去。

第11章•不請自來

古巴咖啡的味道很香濃，上面還浮著金黃色泡沫，第一口喝下去齁甜齁甜的，最後才回苦。

“太甜了。”馬力說。

巫老師解釋這是古巴人的喝法，先在杯底加入大量的糖及少許咖啡粉，接著加入一點點兒的熱水，用力攪拌成乳狀後，再加入已經事先泡好的黑咖啡，這就成了一杯正宗的古巴咖啡……

“如果喝時再配上古巴的傳統甜點就更好了。”

聽到聲音，馬力轉過頭去，發現是郵差，他就站在廚房口。

“是你。”巫老師的臉笑開了，“怎麼來了？”

“我進來點蠟燭，結果發現妳不見了，所以一路找過來。”

“我們正在喝咖啡，你要不要也來一杯？”

“妳泡的當然好。”

雖然只是尋常的對話，但聽在馬力耳裡簡直是打情罵俏。

“你只發現巫老師不見了嗎？”咚咚故意問郵差。

“我跟你們比較不熟，所以第一時間想到的是咘咘。”

馬力心想好呀！跟我們比較不熟，意思是跟巫老師比較熟，切，他算哪根蔥？

“巫老師的名字叫巫咘咘，你可以叫她巫老師、巫小姐或巫咘咘，但請不要叫她咘咘，因為只有最親近的人才可以這麼叫。”馬力重複以前說過的話。

“我以為我們已經很親近了。”郵差回答馬力的問話，眼睛看著的卻是巫老師。

馬力受夠了這一切，提醒巫老師該上課了。

這次郵差沒反駁，反而催促他們趕緊上課去。

“那好，孩子們，我們重回聖壇吧！”巫老師說。

第12章•心不在焉

今天吃晚飯時，馬力感覺有些怪，一開始不知道怪在哪裡，後來發現問題出在方臉大叔和悲傷阿姨身上，他倆非常認真地吃東西，像在辦一件重要的公事。

“古巴咖啡雖然加了很多糖，但不好喝，像在喝馬尿。”叮叮邊吃鵝腿邊說，兩隻手油膩膩的。

“妳喝過馬尿？”馬力故意問。

“形容詞懂不懂？”叮叮翻了翻白眼，“你肯定不懂，所以上課時才會鬧笑話。”

今天下午上作文課時，馬力誤以為“罄竹難書”乃指一個人好事做盡，連竹簡都書寫不完，所以造了一個不倫不類的句子，引來鬨堂大笑。

“妳知道在別人的傷口上撒鹽有多痛嗎？妳肯定不知道，因為妳就是個沒心沒肺的東西！”

馬力的反擊無疑挑起另一輪的爭執。

“通通別吵了，家裡的鹽多的是，不夠再買。”

聽方臉大叔這麼一說，四個孩子全啞口無言。

“為了鹽巴吵架，你們不覺得幼稚嗎？”

聽悲傷阿姨這麼一答，四個孩子全張口結舌。

等吃完飯回到房間，馬力終於得了個機會問行空：“嘿！你父母今晚怎麼了？”

“沒什麼，可能跟採訪有關。”

“什麼採訪？”

“從亞馬遜雨林回來後，我父親收到兩封信，一封是市政府同意房屋擴建的公函，另一封則來自一名記者，他想多了解一下‘麥田怪圈’，所以請求上門做採訪。”

當初為了兌現對地心人的承諾，他們利用“麥田怪圈”來告訴地球人停止發展核武及做地下核實驗，目的雖達到了，但也引來成群的記者。

“這有什麼好煩惱的？不想接受採訪，直接回絕就好了。”馬力答。

“這也是我父母的作法，沒想到今天他們又收到該名記者的來信，隨信還附上了錄相帶，我猜這是他們今晚心不在焉的原因。”

能讓方臉大叔和悲傷阿姨同時魂不守舍，這視頻肯定不一般。

“為什麼你會這麼清楚事情的來龍去脈，而我完全被矇在鼓裡？”馬力忍不住問。

“我偶爾偷聽到的，經一點一點地拼湊，真相應該八九不離十。”

方臉大叔和悲傷阿姨連自己的孩子也瞞著，這件事恐怕很棘手。

“我們何不去問問？也許幫得上忙。”馬力建議。

“我看還是先完成作業比較重要。”

行空不說，馬力差點兒忘了巫老師留了作業。

以前巫老師幾乎不留作業，但這次的作業跟尋找自己的父母有關，所以馬力一點兒也不抱怨，反而很認真地準備。

第13章•巫老師的項鏈

由於“懷疑”啟塔星人的飛行器降落在古巴，巫老師要大家回去找找古巴境內可有哪些地方適合迫降而不被發現（飛碟降落是個大消息，既然目前風平浪靜，肯定是降落在人煙稀少之處）。

馬力查了查地圖，又翻看了許多資料，終於在上床前羅列了21處。

“有了這些資料，應該不難找到爸媽。”馬力頗具信心地想著。

隔天，馬力拎著沉甸甸的午餐袋下車，此時天朗氣清，岩石所砌成的教堂屹立在重重山巒間，顯得無比莊嚴神聖，而立在教堂前的女子則宛若墜入凡間的天使，一切是那麼的夢幻，直到一道銀光匆匆閃過……

當馬力再睜眼時，留意到光芒來自巫老師脖子上的項鏈，其墜飾是一條直立的小銀魚，尾巴上還吊著兩粒小銀球。

巫老師向方臉大叔揮手道別後，帶領孩子們進教堂。

“行空，你有沒有聽到奇怪的聲音？”馬力一坐下來就問。

“奇怪的聲音？沒有呀！倒是聽到鈴鐺的聲音。”

教堂內有鈴鐺，這還不夠奇怪嗎？而更奇怪的事還在後頭，馬力發現聲音竟然來自巫老師脖子上的項鏈，確切地說是魚尾巴上的兩粒小銀球。

“老師，妳昨天上集市了嗎？”馬力問。

“沒有。送走你們之後，我一直待在教堂內，哪裡也沒去。”巫老師答。

叮叮主動解釋馬力想問的是老師脖子上的項鏈是打哪兒來的。

“這個啊！”巫老師撫摸小銀魚，果然發出叮叮噹噹的聲音，“是別人送我的。”

此話一出，正好給了咚咚對號入座的機會，她答：“一定是郵差送的。”

馬力要她少八卦了，也有可能是方......葛叔叔或悲......巫阿姨送的，藉以感謝巫老師平日的辛勞......

沒想到打臉來得如此之快，巫老師不僅坐實咚咚的猜測，還告訴他們這是郵差親手製作的，瞧！兩粒銀球裡還被塞進更小的球，所以當小球與銀球碰撞時，就會發出悅耳動聽的聲音。

“可是......”馬力一開口，八隻眼睛齊刷刷對準他，“可是我覺得好吵。”

叮叮立馬表示不吵，她的這番表態也得到咚咚的支持。

“行空，你覺得吵嗎？”巫老師問。

“放心，我不會被外在的聲音所影響。”他答。

看來三比一，馬力只好自己找臺階下，表明只要巫老師開心就好。

“白馬王子送的，巫老師當然開心囉！”咚咚摀著嘴笑。

馬力已經無力反駁，只求趕緊上課，好讓自己的心情再度快活起來。

所以當巫老師詢問誰想先分享自己所收集到的資料時，馬力一馬當先地衝向聖壇。

第14章•貪心的啟塔星人

馬力利用激光筆在地圖上一一指出飛行器可能降落的地點，這個躺在加勒比海上形似鱷魚的國家，此時像一隻手術檯上的動物，任人擺佈。

“謝謝馬力與我們分享他所收集到的資料，”巫老師轉看其他三個孩子，“你們搜索到的結果也一樣嗎？”

叮叮、咚咚和行空互看一眼後，叮叮首先發言，她說：“我認為這是無意義的，即使知道飛行器降落在何處，他們也不會固定在那個地方，肯定到處遊走。”

“妳的看法不無道理，也就是說昨晚的作業妳並沒有完成，對嗎？”

叮叮答是的，因為家裡的房子要擴建，所以昨晚她忙著設計圖紙。

馬力感到很不可思議，沒完成作業還那麼理直氣壯，是誰給她的底氣？但巫老師似乎並不介意。

“妳的設計是否已經完成？”巫老師接著問。

叮叮答還沒，等完成後，她會讓大家瞧瞧。

馬力覺得不公平，房屋憑什麼由她設計？講到畫畫，他可是一把好手。

巫老師微笑著說那好，感興趣的人都可以設計，到時候再把圖紙交給屋主，也許最終會被採納也說不定。

想到自己設計出來的東西有可能成為現實，馬力不禁摩拳擦掌，但現在最重要的還是尋找父母的下落。

“如果真如叮叮所言，我的父母已經在古巴境內到處遊走，那麼他們為什麼不求救？這說不過去呀！”

馬力的發言讓“教室”一片死寂，這意味著他直指問題所在。

沉默一會兒後，行空開口：“也許啟塔星人威脅你父母或者應允了某事，讓你父母不得不為他們工作。”

“工作？什麼意思？”馬力問。

叮叮搶答：“意思是反正一時走不了，何不尋找更多的黃金？”

馬力咋舌，啟塔星人已經把黃金國裡的黃金全洗劫一空，還想怎樣？他們未免也太貪心了！

行空有不一樣的看法，他認為也許飛行器因為某種原因無法飛離地球，在這個過程中，大氣層多少侵害到飛行器的面板，所以啟塔星人需要取部分搶來的黃金去重新塑造新面板，也就是說他們必須掠奪更多的黃金好回去交差。

這個思路無疑是黑暗中的一道曙光，意味著不管飛行器降落在哪裡，最後啟塔星人都會向黃金奔去。

“古巴有金礦嗎？”咚咚問。

她的姐姐說有金礦也沒用，啟塔星人不會笨到去搶金礦，這會引起宇宙糾紛。

“也對，我應該問古巴有沒有量大到足以和黃金國媲美的寶藏？”

針對咚咚的疑問，巫老師沒給出答案，反而將它作為今天的作業課題。

“看來今晚又要熬夜了。”馬力心想。

第15章•月圓時分

古巴由最大島古巴島和周圍1600多個島嶼組成，海岸線長約6000公里，大部分地區地勢平坦，東部、中部有山地，西部則多丘陵。全國有3大山脈，分別為瓜尼瓜尼科山脈、埃斯坎布拉伊山脈和馬埃斯特臘山脈，其中圖爾基諾峰海拔1974米，是古巴的第一高峰。此外，古巴還有200多條河流和數以千計的溪澗，最長的河叫考托河......

"嘿！行空，找來找去，這個國家好像很貧瘠，連個金礦也沒有，我感覺不太可能有寶藏。"

"貌似如此，"行空忽然死盯著他的鼻頭，"你的痘痘好多了。"

雖然不願承認，但行空之前說的沒錯，馬力的確長青春痘了，還好只有一顆，而且已經接近痊癒。

“是的，看來你的眼鏡真的很神奇，連細微的部分都看得一清二楚。”馬力答。

行空推一推他的黑框眼鏡，說：“我回答你剛剛的提問，古巴看似貧瘠，但曾有一支探測小組利用聲納技術在古巴的海底區域發現了一座廢墟。”

“你的意思是廢墟裡有寶藏？”

“這就不清楚了，只能說有這個可能性。”

廢墟是行空找到的，馬力斷不可能拿來做報告。想到明天得向老師承認沒完成作業，他難受死了，好像被貼上“壞學生”的標籤（雖然馬力的在校成績不咋地，但他從未遲交或不做作業）。

行空要他別作繭自縛了，寫作業是為了自己，不為別人，何況他明天不用上學。

馬力驚呆了，忙問為什麼？

“明天你要參加黃瓜區的物理競賽，忘了嗎？”

“我真忘了。”

“意思是你沒準備？”

要說馬力沒準備，那也不對，桌上還放著他從地下圖書館借來的《初級物理》呢！只是書上的文字雖然每個都認識，但組合起來卻有看天書的無力感。

“我準備了，但跟沒準備差不多。”馬力誠實回答 。

“別緊張，以平常心參加競賽即可。”

馬力心想這正是他要做的，反正明天就上賽場了，緊張也沒用。

為了把平常心實踐到底，馬力讓《初級物理》繼續坐冷板凳，轉而拿出圖紙，打算替這棟沒生氣的屋子添磚加瓦，就在這時候，熟悉的臭味傳來。

“農曆十五了嗎？”馬力往窗外探去，果然看到黑天幕上有一輪明月，“行空，快！把你的雞關進籠子裡。”

每當月圓時，羊駝都會送金銀珠寶來，這也是他們賴以為生的方式，但不知為何，白雪和羊駝嚴重不和，到了大打出手的程度，所以這時總得有人把雞關進籠子裡，否則就等著勒緊褲腰帶過活

（這家人是月光族，少了進賬，接下來的一個月會很難捱）。

馬力以為行空聽到“警報”後會劍及履及，沒想到不過一眨眼的工夫，他已經在床上呼呼大睡。

這可怎麼辦？

思來想去，馬力只好把工作攬在身上，畢竟天天吃紅蘿蔔三明治或黃瓜三明治的苦日子，他再也不想經歷。

結果馬力剛把白雪關進籠子裡就聽到叮叮噹噹的聲音，他一轉身，恰巧看到羊駝對準橡樹用力一吐。不用猜，信箱內不是躺著黃金寶石，就是翡翠瑪瑙，只是這聲音……

馬力躡手躡腳地走過去，但仍驚動羊駝，這隻白色的毛絨動物立馬絕塵而去，銅鈴般的聲音在空中迴盪又迴盪。

“奇怪，這聲音我好像在哪裡聽過，怎麼想不起來？”馬力自言自語。

第16章•有驚無險

隔天吃早餐時，方臉大叔宣佈馬力今天不去上學。

“為什麼？”叮叮問。

“他得參加物理競賽。”

“你會送他去嗎？”叮叮又問。

“當然，專車接送。”

馬力想著還好方臉大叔會送他去，否則近三個小時的車程，他要如何趕上？……等等，三個小時？競賽十點開始，現在已經快八點了。

經馬力這麼一說，全家頓時緊張起來。

“快！全體上車。”方臉大叔喊。

然後一大四小全衝向房車，就在關上車門前，五個沉甸甸的袋子被丟了進來（關鍵時刻，悲傷阿姨沒忘記餵飽一家人，真是了得）。

在教堂前放下叮叮、咚咚和行空後，方臉大叔油門一踩，讓車子又風馳電掣地往山下駛去。

“請問……”馬力開口。

“什麼？”方臉大叔轉頭問。

“小心！”

還好方臉大叔及時把方向盤往回撥，沒有撞向對向來車。

過了幾分鐘，驚魂甫定的方臉大叔才問：“你有什麼事？”

“沒事，你小心開車。”馬力答。

秋天到了，樹葉已經開始凋零，但房車所到之處仍然綠意盎然，這放在杳無人煙的山上或鄉間小路，還不致於引起騷動，但現在他們要去的可是人潮洶湧的市區，馬力擔心這怪異的景象會讓人議論紛紛，所以“善意”的提醒是必需的（為了不影響方臉大叔開車，他決定到了市區再提醒）。

然而當車子真的駛入市區，由於時間已經接近十點，方臉大叔心急如焚，斗大的汗珠沿著額頭滴落下來，這下子馬力就更不敢說了，他怕方臉大叔一分神，把車子開進人群裡。

好不容易終於到了競賽會場，時間已經遲了二十多分鐘。

“快！趕緊進去，應該還來得及。”方臉大叔喊著。

這次競賽，馬力完全以平常心對待（意思是沒準備），所以遲到對他來說不構成影響，但葛家人很嚴肅對待，害馬力也不好表現出消極的態度。

為了證明自己也把競賽當一回事，馬力一下車便往裡衝，還好在大門關上的前一刻有驚無險地溜進去。

第17章•物理競賽

馬力一坐下，監考老師就遞給他一張考卷，同時說道：“筆試時間60分鐘，你已遲到29分鐘，按照競賽規則，你不會有額外的筆試時間。”

這個聲明並沒有嚇到馬力，因為他志在參加，結果對他來說完全不重要。

等監考老師一走開，馬力定眼一看，全是選擇題，共20道。第一題是：一把鋼尺在20度C時是準確的，如果在零度C時用它來測量物體的長度，測量的長度數值會比實際長度A、大。B、小。C、相等。D、無法確定。

這是個很典型的考試題目，99.999……%都不會出現在現實生活中。

馬力思考了一下，他的確無法確定，但他沒勾選D，而是選擇C，因為根據統計，選擇題當中答案是C的出現率最高，所以他毫不猶豫便選C。

接下來的第二題是有關質量和密度，他連題目都沒讀懂；第三題是問拿自來水筆在宇宙飛船上寫字的事（出題的人好像不考慮"拿筆在飛船上寫字"的機率有多高且是否具備任何意義）；第四題是人在行駛的列車中往外跳，身體會承受多少壓力的問題（這是鼓勵人自殺還是恐嚇人別自殺？）；第五題是……

鑑於前四題的複雜程度，馬力決定不再燒腦，全選C，心想運氣再怎麼背，起碼有一道題是對的吧？！他不貪心，只求成績不掛零即可。

"你……寫完了？"監考老師睜大眼睛問。

從坐下到交卷，馬力只花了五分鐘不到，難怪監考老師瞠目結舌。

"是的。"他答。

當馬力正要離開時，監考老師說："1309，到隔壁教室等。"

"1309？您在對我說話嗎？"馬力問。

“是的，為了公平公正起見，參加競賽的學生不填寫名字，只有考號。你的考號是1309，卷子上寫著呢！你不知道嗎？”

馬力頓時感覺自己像監獄中的服刑人員，聽說他們也沒有名字，只有一組號碼。

“謝謝！我帶了盒飯，就不吃你們準備的午餐了。”馬力說。

監考老師頓時目瞪口呆，連話都說不利索。

“隔……隔壁是實驗教室，做實驗的，實驗……你懂嗎？”

馬力立刻點頭如搗蒜，心想原來競賽還包括做實驗，怎麼沒人告訴他？

第18章•一地雞毛

馬力等了約20分鐘，實驗教室才陸續有人進來。等大家都坐定後，監考老師說：“今天的實驗非常簡單，只要測量你們桌上的石頭密度即可，時間半小時，現在......開始！”

話音一落，參賽學生紛紛開始行動，馬力等了一小會兒才有所作為。你可別小看這一小會兒，他把“個中精髓”全收納眼底，接著“依樣畫葫蘆”，得到的密度數值剛好跟隔壁鄰居的一模一樣。

實驗結束後，馬力一臉輕鬆地走出教室，方才的“鄰居”趕上他，說：“不同種類的石頭，密度也不一樣，你不會不知道吧？！”

馬力彷彿被雷擊中，原來如此，難怪這個“四眼田雞”不介意他抄答案。

“呵呵！我早就知道，不用你提醒。”馬力假裝鎮定地答。

回到房車上，方臉大叔問起競賽情況，馬力回答很好，一切都在掌控之中。

“認真對待每個挑戰是馬爾星人的生活態度，我很高興你也有同樣的態度。”方臉大叔說。

馬力頓時感到慚愧無比。

見馬力沒接話，方臉大叔提議吃午餐，吃完往回開，還來得及接叮叮、咚咚和行空。

馬力當然無異議。

他們兩人很快便把三明治消滅完畢，連麵包屑也沒留下（換作平常，馬力能吃完半個三明治就已經很不錯了，今天因為“用腦過度”，需要能量補充，所以才胃口大開）。

“既然吃完了，咱們上路吧！”方臉大叔說。

“好咧！”馬力答。

第19章•室內設計

當茶几上的鬧鐘響起，方臉大叔進了白色門的房間，悲傷阿姨進了灰色門的房間，雙胞胎姐妹則上樓，她們的房門是藍灰色的。

“走，”行空拉一下馬力，“我們也回房。”

馬力和行空的房門是墨青色的，像中國山水畫裡會有的顏色。

回到房間內，行空馬上進入學習狀態。馬力思考了一下才決定要做什麼，但付諸行動前，他得先搞清楚一件事。

“嘿！行空，能問你一個問題嗎？”馬力說。

“你問。”

“為什麼你父母各自擁有一個房間？他們不是應該睡在一起嗎？”

行空推一推他的黑框眼鏡，答：“在馬爾星上，每個成年人都擁有自己的房間，即使夫妻也一樣。”

馬力之所以這麼問是因為這棟房屋即將擴建，他打算今晚做一個接近滿分的設計，好讓大家都住得舒服些，那麼搞清楚需要幾個房間是必需的，行空的答案來得正是時候。

經過兩個小時的塗塗抹抹，馬力終於完成草稿，不禁喜形於色。

“嘿！行空，我畫好了，你想不想看？”馬力問。

“好呀！”

馬力的圖紙設計只針對一、二層，地下車庫和地下圖書館完全沒更動，因為不需要 。

“這是什麼？”行空指著第一層中多出來的空間問。

“那是娛樂室，可以在裡面看電影、打遊戲及射飛鏢等。”馬力答。

行空說他不認為有額外的空間當娛樂室，因為市政府只允許往外擴建四十平米，上下兩層便是八十平米。

馬力答這就對了，樓上多出兩個房間，一間二十平米足夠，那麼樓下的四十平米就能拿來當娛樂室。

"那麼你父母回來後住哪裡？"

行空這麼一問，馬力徹底傻眼了，是呀！他怎麼沒想到？

"你說的對，我重畫！"馬力興奮地答。

就這麼塗塗改改，當完成時，已接近午夜時分。

第20章•羊皮卷藏寶圖

馬力以為自己的動作很快，沒想到叮叮也完成了，將兩個人的設計一對比，差異立現。

“在地球上，不是每個成年人都能擁有自己的房間，尤其夫妻，他們通常睡在同一張床上。”馬力首先指出“對手”的錯誤之處。

“如果有人睡覺打鼾怎麼辦？”叮叮問。

“如果有人翻身壓到別人怎麼辦？”咚咚問。

“如果有人半夜夢遊怎麼辦？”行空問。

馬力沒結過婚，不知道夫妻間如何解決這類問題，但肯定是有辦法解決的，否則地球的歷史就要改寫了。

“這個問題留著等我爸媽回來再問好了，據我所知，他們的確睡在同一個房間內，這也是我把樓下多出的空間設計成一個睡房加一個書房的原因。”馬力解釋。

巫老師說既然樓下擴建的部分是留給馬力的父母使用，那麼還是尊重地球人的習慣為妥。

馬力心想巫老師簡直就是天使的化身，每句話都深得他心。

“就算馬力說的對，但他選擇的顏色太醜，還是用我的合適。”叮叮鳴不平。

話說這棟屋子是由廢棄的工廠改建，中間走道挑高，房間在左右兩邊，漆的顏色選的還是讓人生無可戀的鐵灰色，加上採光差，有種冰冷的氣息，很容易讓人聯想到監獄牢房，這也是馬力使用別種顏色的原因。

“我認為改用暖色系能讓人的精神為之一振，這比死人的顏色強多了。”馬力反駁。

“死人的顏色？”叮叮揚起聲，“那是高級灰好不好？別不懂裝懂！”

巫老師要兩人都別吵了，不妨回頭問問屋主人的意見。

這個回答讓馬力和叮叮同時閉嘴，是的，就算吵贏了也沒用，最後的決定權還是在兩個大人的手裡。

“好了，既然這個問題留到課後解決，那麼我們繼續昨天的話題，誰先說說羊皮卷藏寶圖有什麼可疑之處？”巫老師問。

昨天馬力缺課去參加物理競賽，壓根兒不知道羊皮卷藏寶圖是個什麼玩意兒，所以很聚精會神地聽著。

原來曾有個漁民在古巴的哈瓦那碼頭附近撿到一個密封陶罐，裡面有張羊皮卷，上面全是密密麻麻的希伯來文。

“請問......”馬力一開口，八隻眼睛齊刷刷對準他，“請問什麼是希伯來文？”

行空解釋希伯來文是猶太民族早期使用的文字，雖然這個文字曾因民族遷徙而“式微”兩千多年，但自從以色列建國後，來自世界各地的猶太人又重新拾起希伯來文並且使用在日常生活中。也就是說文字本身並不難解，難解的是背後的含義。

“說的沒錯！”巫老師認可這個答案，接著再次詢問，“你們認為羊皮卷藏寶圖有什麼可疑之處？”

叮叮答：“我認為可疑之處在於使用的文字，眾所周知，古巴的官方文字是西班牙文，為什麼在西班牙文通行的地方會出現希伯來文？這點相當可疑。”

巫老師點頭，同意這是可疑之處。

“請問......”馬力又開口，八隻眼睛又齊刷刷對準他，“請問藏寶圖上畫的什麼？還有，文字都寫些什麼？“

“雖說是藏寶圖，其實無圖可看，完全由文字敘述。”巫老師轉看其他三名學生，“你們誰來說說看寫的什麼？”

行空表示還是由他來吧！然後他像朗讀詩文一樣地搖頭晃腦起來。

當太陽與月亮對峙之時，

流動不息的水退去。

走在彩色的樹枝上，

你應尋找紅唇蝙蝠魚所在的雪山之巔。

當海盜的24箱寶物重現天日，

願你如大力士，

因為水之惡魔已經上路。

“這是什麼跟什麼？”馬力皺起眉頭，“我怎麼覺得更像是咀咒？”

叮叮問如果是咀咒，那麼專門搶金銀珠寶的“海盜”指的是什麼？

咚咚問如果是咀咒，那麼“24箱寶物”指的是什麼？

行空問如果是咀咒，那麼太陽、月亮、水、彩色的樹枝、紅唇蝙蝠魚、雪山之巔……這一個個線索所為何來？

馬力承認羊皮卷上所寫的也許藏著某種祕密，但還需要更多的佐證去證明這是一張藏寶圖，而非某個人的惡作劇或無病呻吟。

巫老師不苟同這是某個人的惡作劇或無病呻吟，因為聽說陶罐本身的工藝相當精美，使用的墨水還是相對昂貴的金屬墨水（可長保字跡不褪色），大概不會有人捨得花大錢去惡作劇或無病呻吟。

“這麼說也不無道理。”馬力停頓了一下，“看來寶藏應該就藏在古巴的某個角落，因為羊皮卷是在古巴的港口附近找到的。”

“是有這個可能性，”巫老師答，“尤其加勒比海向來是海盜橫行的區域，將寶藏就近埋藏很合理，但又回到一開始的疑問，為什麼羊皮卷上的文字是希伯來文？再有一點，紅唇蝙蝠魚極為罕見，曾有人在太平洋東岸遇見過，至於加勒比海......還未聽說過。”

“也許海盜當中有猶太人，當然使用希伯來文，至於紅唇蝙蝠魚......它很可能是一條迷路的魚，一不小心就游到加勒比海，畢竟海水是相通的嘛！”

馬力一答完，全場肅靜。不一會兒，叮叮和咚咚噗嗤一笑，並且一發不可收拾。

“瘋子！”馬力罵道。

沒想到行空和巫老師也沒忍住，跟著一起笑。這下子馬力尷尬極了，臉上青一陣紫一陣的。

第21章•複試

幾個月前，羊駝和白雪大戰（以致沒送金銀珠寶來），所以給了郵差獻殷勤的機會。後來羊駝雖然不再和白雪大戰，也恢復送金銀珠寶來的“習慣”，但郵差依舊準備自己和巫老師的三明治，從而有了繼續上教堂共進午餐的藉口。這個“惡習”一直持續到現在，讓馬力“如鯁在喉”。

“馬力，聽說昨天你去參加物理競賽，難不難？”

由於野餐墊不夠大，巫老師、叮叮、咚咚和郵差坐在一起，馬力和行空則坐在另外一張。雖然兩張墊子隔著一丈遠，但隔壁問了什麼，馬力全聽進耳裡。

“簡單得要命！”馬力很快給出答案。

“如果必須參加複試，也許我可以幫上忙，畢竟我以前是物理老師。”

馬力一聽說這個勞什子物理競賽竟然還有個“複試”，嚇得差點兒讓手中的三明治掉在野餐墊上。

“什麼複試？”馬力緊張地問。

原來此次競賽獲得九十分以上的考生都可以進入複試階段，表現突出者能獲得參加省際物理競賽的機會。

聽完，馬力鬆了一口氣，他絕對考不到那個分數。

“還有，低於六十分的也要參加複試，如果仍不吉格，就會成為黃瓜區教育局的重點觀察對象。”郵差補上一句。

馬力問“重點觀察對象”是什麼意思？

郵差抓抓頭，表示他也不清楚，但肯定不是好事。

當然不是好事，如果馬力成為“重點觀察對象”，代表葛家也會成為“重點觀察對象”，那還得了？

“馬力，你確定競賽簡單得要命？”巫老師擔心地問。

“好像……大概……或許……很簡單。”馬力答。

“那就好，那就好。”巫老師很欣慰地說，似乎已放下心中的石頭。

第22章•咄咄逼人的記者

晚餐桌上，方臉大叔對叮叮和馬力的室內設計稿沒有表現出明顯的喜好，只說到時候再看看。

“到時候是什麼時候？”馬力問。

“等記者走的時候，如果他依然揪著不放，那就……”

“葛立~”悲傷阿姨大喊，但隨即降低分貝，“你的手沾上咖喱醬了。”

今天他們吃麵包配咖喱（就是拿麵包片沾咖喱醬吃），嘴巴也許會有醬汁，但手是乾淨的，馬力不明白悲傷阿姨為什麼要在這個時間點提不太可能沾上醬汁的手？

方臉大叔裝模作樣地拿紙巾擦手，接著催促大家趕緊吃，因為吃完還得學習呢！

“爸，”叮叮看馬力一眼，“郵差今天提到馬力也許要參加物理競賽的複試。”

“胡說！”馬力揚起聲，“成績還沒出來，怎麼知道我要參加複試？”

“所以我才說‘也許’，因為機率很大。”

馬力也知道機率很大，早知如此，他會專心準備物理競賽。

此時的悲傷阿姨還沒意識到事情的嚴重性，她無所謂地說：“參加複試就參加複試，沒什麼大不了的。”

等她知道複試結果若仍不吉格，馬力會成為黃瓜區教育局的重點觀察對象時，她搗臉嘆息：“噢！老天，怎麼所有糟糕的事情都擠一塊兒了？”

見自己的老婆情緒不穩，方臉大叔只好扶她回房。

好好的晚餐變得如喪考妣，叮叮責怪都是馬力的錯。

“關我什麼事？”馬力又揚起聲。

“的確不關馬力的事。”行空推一推他的黑框眼鏡，“怪也只能怪那名記者，他太咄咄逼人了。”

第23章•打鳳牢龍

回到房間，馬力問行空那名記者怎麼咄咄逼人來著 ？

“想當初記者們上山是為了採訪麥田怪圈，後來矛頭轉向我父母。當時我父親正在院子裡忙活，不慎被玫瑰給刺傷，又不巧被動作快的記者給錄像下來，正是這個錄像洩了密，因為從指尖所流出來的綠色血讓記者血脈僨張。”行空答。

“難道那名記者也流血了？”馬力問。

行空解釋“血脈僨張”不是流血，而是激動、亢奮的意思，它的出處來自《閱微草堂筆記·如是我聞三》，原文是……

馬力感到汗顏，堂堂炎黃子孫竟然要聽一個外星人解釋中國成語，簡直太丟人了！

“行空，你能不能別那麼聰明？我快喘不過氣來了。”

“要不要我打120？”

看行空露出詭異的笑容，馬力推他一把，說：“你小子，竟然開這種玩笑？”

“好，不開玩笑，講正經的。”行空推一推他的黑框眼鏡，“我父母最近很煩惱，因為該記者以錄像為要挾，倘若不接受採訪，他會將錄像公諸於世，明天就是期限的最後一天。”

明天就是最後一天？難怪方臉大叔會心神不寧，而悲傷阿姨會情緒失控，因為接不接受採訪，結局都一樣悲慘。

“這可怎麼辦？”馬力喃喃道。

“看來只能打鳳牢龍了。”行空答。

馬力害怕再一次出醜，悄咪咪地查看“打鳳牢龍”的意思，原來是安排圈套，使對方中計。

那麼所謂的圈套又是什麼？莫非方臉大叔和悲傷阿姨想把記者給禁錮起來？這是犯法的！

想到自己莫名被牽連（東窗事發後肯定會被警察抓起來），馬力怎麼也接受不了，他是奉公守法的好學生，不允許身上被烙下不名譽的印記，於是趕緊問行空明天記者幾點到？

“我偷聽到的信息是晚上七點，那會兒我們剛吃完飯，可以全家坐下來接受採訪。”

“全家？為什麼非得全家？我們都還是未成年人。”

行空答他也不清楚，大概有孩子在，父母不好說謊吧？！

這可糟透了！如果不說謊，全世界的目光大概都會打在他們身上，畢竟“外星人定居在地球上”的報導很吸人眼球。

“你還偷聽到什麼？譬如……你父母打算怎麼‘打鳳牢龍’？”馬力胸有成竹地說出那句成語。

“打鳳牢龍是我的猜測，我父母到現在還三心二意的，搞不好到時候讓記者吃閉門羹也說不定。”

馬力認為記者都有"不達目的絕不罷休"的韌性，如果以為不開門就天下太平，未免過於天真？

隔天，馬力心不在焉地上學去，又心不在焉地回家，再心不在焉地吃晚飯，然後……

"叮咚！"門鈴聲響起。

這是他們從亞馬遜雨林回來後，第一次有訪客。

行空離開飯桌去開門，沒多久，他把一對男女帶進來。

馬力沒看過那個男的，也沒看過那個女的，心想："原來今晚的記者有兩位。"

"太好了，來了幾回都撲了個空，今晚總算在家。"男的說。

"我們很擔心馬力的安危，還差點兒報警了呢！"女的補上一句。

馬力還在懷疑記者怎麼會知道他的名字？下一秒，悲傷阿姨問："請問你們是誰？"

那個鼻樑上架著金邊眼鏡的男人答："我們是社工人員。"

社工人員？馬力記得社工哥哥和社工姐姐的長相，根本不是眼前這兩位。

化濃妝的女人立即表示原來的兩位社工已經離開，現在由他倆接手。

原來如此！

過去幾個月，馬力和葛家人為了尋找黃金國使出渾身解數，難怪把"社工會不定時做家訪"這件事給忘得一乾二淨。

"我們去旅行了，全家都去。"方臉大叔解釋。

男社工問旅行那麼久，馬力的學業怎麼辦？這豈不是耽誤他的學習？

悲傷阿姨不苟同，她說一草一木一花一石都是學習的對象，不一定非得坐在教室裡才算學習。

談話氛圍一下子冷掉，女社工趕緊要他們繼續吃飯，吃完再說。

當馬力和葛家人沉默地吃著飯時，門鈴聲又響，行空再度去開門，沒多久，他把一個男人帶進來。

"你......"、"你......"、"你們......"

今晚的訪客同時喊出聲。

方臉大叔問他們是不是彼此認識？得到的答案是否定的。

馬力感到奇怪，既然不認識，為什麼一見面就露出驚愕的表情？

“馬力，你吃飽了嗎？如果吃飽了，我們到屋外走走。”女社工忽然說。

馬力求之不得，因為那名記者上門是為了詢問綠色血的事，如果讓社工人員知道，那可不妙！

“我吃飽了，現在就走！”他答。

第24章·笨蛋二人組

“馬力，你是不是一直用手吃飯？”女社工問。

“我……我……今晚吃燒烤，用不上筷子。”

“用不上筷子可以用刀叉，你不覺得燙手嗎？”男社工接著問。

馬力回答他的皮夠厚，所以不覺得燙手。

接下來那兩人輪番對他拷問。

“你父母失蹤沒多久，這家人就收養你，你不覺得太巧合？”

“你與他們一起生活了兩年，有沒有發現可疑之處？”

“你的養父母貌似沒有正經的工作，平日靠什麼為生？”

“約一年前，市政府本想在此建動物園，結果土地被這家人給買走了，他們哪來那麼多錢？”

……

馬力小心回答，沒有露出破綻。

“這裡一直都這麼熱嗎？”男社工拿手當扇子揮，“一路上我忙著脫衣。”

“可能緯度不同，所以……”馬力答。

女社工接著問巫老師與這家人的關係。

“沒有關係，”馬力把頭搖得像撥浪鼓，“雖然一個叫巫咘咘，另一個叫巫咘良，但兩人沒有任何關係。”

“原來一個叫巫咘咘，另一個叫巫咘良，”女社工拿出手機記錄下來，“那麼男主人叫什麼名字？”

“叫……”馬力忽然打住，“收養人的名單上不是寫著嗎？”

“對，對，寫著，寫著，呵呵！”男社工搶答完，打了女社工一下，後者哀叫一聲。

馬力接著問日後他若需要幫助，該撥打哪個電話號碼？

“該撥打哪個電話號碼？”男社工複述著，“讓我想想哈！”

“是不是3388？”馬力給出提示。

“對，就是那個號碼。”

馬力本來還想問有沒有親生父母的消息，一聽到這個答覆，立刻把話吞下去。

“再見，路上小心點兒。”馬力說。

“可是我們還沒問完呢！”女社工答。

馬力告訴他倆，福利院規定做家訪不能超過十分鐘，今晚的家訪時間已經超過了。

“對，是有這個規定，我們現在就離開。”男社工答完，拉著女社工走了。

望著那兩人遠去的背影，馬力第一次發覺大人也沒想像中聰明。

第25章‧家庭遊戲

馬力進屋時，十二隻眼睛齊刷刷對準他。

“就是他了。”記者說。

“我？”馬力指著自己，“什麼意思？”

行空把馬力拉到角落，告訴他方才屋內所發生的一切，原來方臉大叔把綠色血歸為魔術中的障眼法，並且當場把咚咚頭上的紅色髮箍變為綠色，但記者仍不願相信，認為最好有人當場劃破手指，如果流出來的血是紅色的，他便無話可說。正當葛家人一籌莫展時，馬力剛好走進來，記者也不知哪根筋不對，竟選他當驗證對象。

“可是我不是馬爾……”

馬力還沒說完，被行空截了去，他說：“這不正好？”

是呀！他是地球人，血當然是紅色的，這不正好堵住記者的嘴？但……

“從小我就怕疼。”馬力可憐兮兮地說。

“別怕，只是在手指上扎一個小洞，跟打針一樣。”

馬力正想回答他從小就怕打針時，記者失去耐性了，他表示如果馬力不願意，代表心中有鬼，他不介意把錄像公諸於世，讓大家來評判……

“我願意。”馬力硬著頭皮說。

當馬力的指尖冒出紅色血珠時，葛家人全體歡呼，高亢嘹亮的聲音幾乎要把屋頂給掀了。

“真的是紅色血，難道是我搞錯了？”記者喃喃道。

“肯定搞錯了，”馬力乘勝追擊，“和川劇的變臉藝術比，這只能算雕蟲小技，不足掛齒。”

記者最後承認是自己誤會了，還好沒做出衝動的事，否則讓人看笑話了。

送走記者後，他們全癱在椅子上，久久無法言語 。

過了好一會兒，方臉大叔才想起來問：“馬力，社工人員說什麼了？”

“他們不是社工人員，應該是記者假扮的，還好我機靈，沒露出馬腳。”

“這麼說不是只有一位記者起疑，”悲傷阿姨顯得更加悲傷，“這如何是好？”

方臉大叔要她別杞人憂天了，船到橋頭自然直，我們應該高興今天解決了一個大難題才是。

然後的然後，為了慶祝“階段性”勝利，葛家人決定今晚不學習，改玩家庭遊戲。

“耶！太棒了。”馬力第一個響應。

“好，那就從馬力先開始。聽好了，2345*3451+8765-5432等於多少？”方臉大叔問 。

“什麼？！這就是你們的家庭遊戲？”馬力睜大眼睛問。

行空問他為什麼這麼驚訝？難道心算遊戲不好玩？

“算了，”馬力失望至極，“你們玩吧！我還是上樓學習去。”

第26章•輔導老師

馬力擔心的事還是發生了。

方臉大叔邊看黃瓜區教育局發來的競賽結果邊問馬力：“滿分是幾分？”

馬力知道他為什麼這麼問，因為成績欄上顯示9分，如果滿分是10分的話，9分是個很不錯的成績。

“一……一百。”馬力答。

“這個成績……”方臉大叔指著競賽結果，“是不是搞錯了？”

馬力也希望是搞錯了，但他心知肚明，縱使搞錯了，也只會更低分，因為從頭到尾他都是胡蒙亂猜的。

“應……應該……或者……也許……沒搞錯。”馬力囁嚅地答。

悲傷阿姨接著問複試時間，當得知在兩個禮拜後，彷彿天要塌下來。

“我發誓這次會認真準備，力求過關。”馬力說。

叮叮問如果不過關呢？馬力答不過關他就回福利院，不給葛家人添麻煩……

“難道你不找你父母了？”咚咚接著問。

“當然要找，但……”

方臉大叔把話截了去，表示當前最重要的是通過複試，其他以後再講，然後轉問行空：“你能輔導馬力嗎？”

行空推一推他的黑框眼鏡，答：“輔導沒問題，但我害怕兩個禮拜後依然不見起色，因為我著重思考，解題會比較久，不適合有時間限制的考試。”

這可怎麼辦？

當大家陷入苦思時，一個聲音響起。

“郵差！”咚咚喊著，“郵差以前是地球人的物理老師，找他輔導準沒錯。”

方臉大叔和悲傷阿姨第一次聽說郵差以前是老師，彷彿在黑暗中看見了曙光，但這道光很快便被馬力遮擋住。

“不可能！”他說。

“為什麼？”葛家人齊問。

馬力思考了一下，給出兩個理由：

1、郵差白天有工作，輔導只能選在下班後，難道讓他上這裡來？萬一他發現葛家人的祕密怎麼辦？

2、利用白天空閒時間也不可能，因為郵差連午飯時間都掐得緊緊的，何況空出一、兩個小時的時間。

其實還有第三個理由，那就是馬力不喜歡郵差，但這個理由太薄弱（雖然這才是主因），所以馬力提都沒提。

當大家再度陷入苦思時，另一個聲音響起。

“跟郵差一起住，”咚咚喊著，“經過兩個禮拜的加強學習，馬力的成績應該會大有起色。”

馬力立刻反對，郵差現在住的地方離此處約三個小時的車程，別說他的交通工具是自行車，就算是汽車，也不可能先載馬力去上學，自己再返工。

“這倒是個難題。”方臉大叔喃喃道。

“有什麼難的？”悲傷阿姨立刻插嘴，“馬力這兩個禮拜就別上學了，白天在郵差家裡做習題，等晚上再上課，這不挺好的？”

話一答完，大家頻頻點頭，除了馬力。

“你們別忘了，郵差有權拒絕，而我認為被拒的機率非常大。”馬力說。

“嗯......”悲傷阿姨做沉思狀，“看來只能由我妹去說。”

第27章•搬回故居

雖然郵差曾經毛遂自薦過，但馬力認為那不過是說說而已，尤其現在還多出一項（敞開大門讓一個毛頭小子搬進來），同意的機率大概等同被雷劈，沒想到他真的被雷劈中。

“馬力，今天我六點到家，你可以那個時候上門。”

雖然隔著一丈遠，但隔壁說了什麼，馬力全聽進耳裡。

“你若不同意，現在說還來得及。”馬力邊吃三明治邊答。

“我家很寬敞，多一個人住完全不成問題。”

郵差現在住的地方正是馬力的故居，以前住三個人不嫌擁擠，現在只有郵差和馬力，更不成問題。

“如果多兩個人呢？”巫老師忽然問，她就坐在郵差身旁。

“多兩個人也不成問題。”

這段對話沒什麼奇怪，奇怪的是這兩人的臉上為什麼洋溢著幸福的笑容？莫非巫老師也想搬過來一起住？

茲事體大，馬力趕緊告訴巫老師那棟房子長期瀰漫著一股臭味，即使一天洗三次澡，還是去除不了。

“是嗎？”巫老師問郵差。

“我猜馬力指的是咖喱味，”郵差嘆了口氣，“我住6號，房東住18號，他們是一對喜歡吃咖喱的老夫婦，雖然中間隔著幾戶人家，但那刺鼻的味道依舊穿牆而入。”

巫老師表示她沒吃過咖喱，不知道味道好不好聞。

“妳可以聞聞郵差身上的味道。”咚咚提議，“照馬力的說法，郵差身上應該有去除不了的咖喱味。”

馬力趕緊制止，說自己是胡謅的（想到巫老師即將把鼻子往郵差身上蹭，他寧願死掉）。

“我就知道你是胡謅的，”巫老師怪嗔地說，然後轉向郵差，“除了男人的味道，我聞不出你的身上有別的。”

什麼是“哀莫大於心死”？馬力這下子總算是明白了。

就這樣，馬力以近乎“置之死地而後生”的心情搬去和郵差同住，心想兩個禮拜的分離或許會讓巫老師意識到誰才是她最在乎的人，果真如此，也算不枉費他的這番出走。

第28章•父親的鑰匙扣

巫老師曾說郵差是個學識淵博，待人又誠懇的人，在同住的第一晚，馬力就見識到了。

“固體壓強與受力面積成反比，意即受力面積越小，壓強越大；受力面積越大，壓強越小。”郵差說。

“我聽不懂耶！”馬力答。

“沒關係，我舉正反兩個例子你就懂了，好比針頭越尖代表面積越小，所造成的壓力強度就越大，意思是被扎的人會越感覺疼痛；反面例子是書包背帶越寬代表面積越大，所造成的壓力強度就越小，如此一來，背書包的人就相對沒那麼吃力了。”

這下子馬力好像懂了。

整個教學過程中，郵差表現得極有耐心，完全沒有面對笨學生時的心浮氣躁，更不會動不動就罵人。還有，他的語言表達沒那麼晦澀難懂，還會列舉生活中的例子，讓馬力受益匪淺。

就這麼上了約一個小時後，郵差說晚餐時間到了，他問馬力想吃中餐還是西餐？

“真的嗎？我可以選？”馬力興奮地問。

“當然。”

然後馬力把一直心心念念的中國菜如數家珍地唸出來，包括酸菜魚、鍋包肉、叉燒包、魚香肉絲、鳳梨蝦球......等等。

郵差顯得很窘迫，因為微波爐餐沒那麼多選擇 。

“原來是微波爐食品啊！”馬力像洩了氣的皮球，“我還以為出去吃。”

“很抱歉，我的囊中羞澀，負擔不起外食。哎！如果我的廚藝好點兒就好了，這個家就缺個會煮菜的女主人。”

聽到最後，馬力不禁聯想起巫老師，她的菜的確做得不錯，所以馬力才會期待與她交換午餐吃。由這個聯想衍生了一道問題，那就是平常上課的教堂雖有廚房間，但非常簡易，無非加熱食物或輕煮，連個抽油煙機也沒有，那麼以前巫老師是怎麼做飯的？

疑問歸疑問，眼下首先該做的還是打消郵差娶親（娶巫老師）的念頭。

"現在機器人也會煮飯，不一定得娶老婆，好比葛巫。"馬力說。

"葛巫？"

然後馬力把他和葛家人居住的房子稍微描述一下，包括地下圖書館以及在裡面工作的機器人。

"沒想到那棟房子外表破舊，裡面卻別有洞天。"郵差說。

"還不止此，市政府已經發來公函允許擴建，到時候會比現在更大、更美觀，同時更加實用。"

"也就是說你和你父母都不會再搬回到金絲路6號，對嗎？"

馬力答是的，因為擴建後的房子也會有他父母的房間。

郵差思考了一下，說："你等會兒哈！"

再回來時，郵差交給馬力一個像鑰匙扣的東西，說：“剛搬進來時，我在抽屜死角發現了這個，你看看是不是你家的？”

馬力一眼就認出這個金龜子造型的鑰匙扣，它原先和父親的車鑰匙扣在一起。

“它是我父親的東西，應該是打包時沒留意，以致落在這裡了。”馬力答。

“那麼當初打包好的東西呢？”

“我也不清楚，一切都交給社工人員處理，到時候再問他們吧！”

所謂的“到時候”指的是父母歸來之時，馬力希望那個日子不會太遙遠。

“既然是你父親的，那麼物歸原主吧！你好好保存，畢竟是張照片，也許有什麼特殊意義。”

“照片？”馬力不解地問。

“你不知道嗎？把金龜子的翅膀一扳開，裡面有一張照片。”

馬力一直以為它就是一個單純的鑰匙扣，沒想到裡面還暗藏玄機。他隨後把金龜子的翅膀打開，裡面果然有一張照片，照片上的男人戴著一頂卡其色的巴拿馬草帽，留著落腮鬍，眼神很鋭利，年紀約有五、六十歲。

“認識嗎？”郵差問。

“不認識。”

“我還以為他是你的爺爺。”

從年紀上看，的確老得足以當爺爺，但不是，因為馬力的父母都是孤兒，連旁系親屬也沒有，否則他也不會進福利院，後來才被葛家人收養。

郵差說這挺不尋常，父母雙方都是孤兒，連個旁系親屬也沒有，好像忽然從天地間蹦出來一樣。

眾所周知，孫悟空就是從石頭裡蹦出來的，難道郵差這是在暗諷他們一家嗎？

雖然心情微怏，但馬力沒表現出來，因為他還得跟這個人同住兩個禮拜，如果第一天就吵開，接下來要如何“和平共處”？

“現在可以吃飯了嗎？”馬力將鑰匙扣塞進褲兜裡，“有沒有魚香肉絲飯？”

“應該有，我找找哈！”說完，郵差打開冰箱冷凍層尋找。

第29章•虔誠的教徒

馬力選擇的是中式微波爐餐，郵差的則是西式，這道意大利千層麵乃由4到5層的雞蛋麵組成，每層填入鹽、奶油調味汁、西紅柿醬、肉末和帕爾瑪干奶酪，通常做成長條形。

郵差把果汁和加熱過後的微波爐餐放在桌上，然後喚馬力吃飯。

面對此情此景，馬力忽然感到難過。兩年前，他和爸媽坐在同一張桌子前共進晚餐，如今與他一起吃飯的卻換上有點兒熟又不太熟的人，這變化未免也太大了？！

“吃吃看，不難吃。”郵差說。

“我不是嫌難吃，而是......”馬力意識到不能影響別人的用餐心情，於是努力裝作開心的樣子，“好，我吃。”

看馬力大口大口地吃，郵差感到欣慰，接著他雙手合十，嘴巴唸著：“天上的父，感謝祢賜下陽光和雨露，讓大地能生出豐美的食物，也求祢為我們潔淨這食物，禱告奉主耶穌的名，阿門！”

馬力這才憶起郵差是個教徒。

“郵差......不對，楊坨......也不對......楊......楊老師，以前怎麼不見你做飯前禱告？”馬力問。

“我一直都做呀！只不過在外面時會改成心中默禱。”郵差答。

“噢！那你......哎！算了。”

“沒關係，你說。”

馬力想問的是這世上真的有神嗎？郵差很快給出答案，他說：“當然有，否則萬物生靈是誰創造出來的？”

“那麼神住在哪裡？”馬力又問。

“祂住在浩瀚宇宙中，如果你信祂，祂就會住進你心裡。”

這個回答讓馬力聯想起外星人，如果神是高級的外星生物，好像也說得通。

結果郵差不苟同，他認為神是凌駕於一切的宇宙主宰，外星生物還是低等了些，何況長得還那麼……那麼的奇怪。

“你覺得巫老師長得奇怪嗎？”馬力忍不住問。

“不奇怪。”

“這就對了。”

“什麼意思？”

馬力吐了吐舌頭，他竟然不小心洩密了。

“沒什麼意思。”馬力趕緊轉話題，“待會兒還上課嗎？”

“上，不過只能再上一個小時左右，因為每晚九點我得唸玫瑰經。”郵差答。

第30章•暗潮洶湧

你能想像一個大男人每天拿著唸珠唸玫瑰經的模樣嗎？馬力反正是見識到了。和郵差同住的兩個禮拜裡，他每天都沐浴在濃厚的宗教氛圍內，郵差還時不時遊說他成為教徒，不過都被馬力給拒絕了。

“為什麼？”郵差忍不住問。

“因為……因為我周圍的人都不信教，我不想搞特殊。”

“也就是說如果你周圍的人也信教，或許你會加入？”

如今馬力周圍的人全是外星人，想讓他們信教根本不可能，於是他點頭。

轉眼間，複試的日子翩然而至，由於場地就在黃瓜區，馬力決定步行前往。

“記住，別緊張，以平常心對待即可。”臨出門前，郵差對他說。

雖然馬力這次做了準備，但他的底子差，如果沒有運氣之神的眷顧，想吉格恐怕有難度。

“會的，我會以平常心對待。”馬力打起精神答。

好不容易熬過上午的煎熬，馬力步出考場，可是左等右等，依然見不到方臉大叔，正當他不知如何是好時，車喇叭聲響起。

“快！趕緊開車。”馬力一跳上車就說。

“不急，這裡可以臨時停車。”

“不是這個意思，我怕再不走就要上電視了。”

方臉大叔雖然一頭霧水，但沒多問，立刻腳踏油門而去。

馬力之所以發慌是因為秋天到了，樹葉開始凋零，但房車所到之處仍然綠意盎然，偏偏這是市區，時間還卡在人潮相對較多的中午時分，來往行人無不投來好奇的眼神，有人甚至舉起手機拍攝，馬力很懊惱自己沒有提前告知。

方臉大叔聽完馬力的解釋，恍然大悟，但他不覺得有什麼，相較於其他更重要的事，這點兒小事根本不足掛齒，然而馬力還是感到不安，彷彿有什麼不妙的事情即將發生……

第31章·亡羊補牢

回到葛家並且相安無事地度過好幾天，正當馬力準備把不安卸下時，郵差適時投來重磅炸彈。

“最近的網上熱搜是一輛房車，車子所到之處綠意盎然，跟四周圍的景象完全不同，好像變魔術一樣。”他說。

雖然隔著一丈遠，但隔壁說了什麼，馬力全聽進耳裡。

“什麼房車？”馬力問，忘了咀嚼口中的三明治 。

“很像你養父開的，不僅外觀相像，連功能也一樣。”

馬力搬去和郵差同住的那天晚上，正是方臉大叔開的車，意思是郵差見過那輛車。

“你沒告訴別人這件事吧？！”巫老師問。

“沒有。”

在場的一大四小頓時長舒一口氣。

“我只是要網友們別大驚小怪，因為我認識的人也有同樣的車，這沒什麼大不了的。”郵差補上一句。

一大四小頓時又緊張起來。

“然……然後呢？”巫老師又問。

“然後有人問我哪裡可以找到這輛車？”

“你沒說吧？！”叮叮插嘴問。

“當然，我可沒這麼笨！”郵差大笑兩聲，“我回答這輛房車不在山上，四周圍也沒有教堂和麥田怪圈。”

氛圍一下子變得怪怪的，好像被上帝按下了暫停鍵。

過了一會兒，馬力才想起來問：“這是多久以前的事？”

郵差答上山前發的，大概兩個小時前。

“快！快刪掉！”巫老師說。

郵差不明白為什麼得刪，但看咘咘臉色煞白，他只好照做。

“已經刪了嗎？”咚咚問。

“刪了。”

一大四小這下子總算放下心來。

“可是......”郵差一開口，十隻眼睛齊刷刷對準他，“可是底下的回覆一長溜，就這麼刪了是不是不禮貌？”

行空問一長溜是什麼意思？郵差答起碼有好幾千個回覆。

這下糟了！

郵差走後，一大四小渾渾噩噩地上著課。等放學的時刻到來，巫老師第一時間把這件事告訴來接孩子的方臉大叔。

“完了！”方臉大叔喃喃道，“我怎麼就沒想到這會引起很大的關注呢？哎~”

巫老師要他別自責了，還是亡羊補牢為重。

“妳說的對，待會兒我就關了房車的設置。”方臉大叔答。

馬力心想亡羊是該補牢，但已經逃走的羊怎麼辦？然而擔心的同時，他又不免心存僥倖，也許事情沒那麼糟糕，誰會吃飽撐著？何況上一次山也不容易，不是嗎？

事實上還真有吃飽撐著的人，他們不畏寒冷，也不介意花時間與體力，陸陸續續在唯一的山路上徘徊，如果不是房車已經停進車庫內，估計這群人會爭相拍照，然後不嫌事大地發到網上去。

“怎麼辦？”悲傷阿姨憂心忡忡地問。

“這幾天就不出門了，人群總會散去。”方臉大叔答。

結果人群不僅沒散去，還越聚越多，甚至出現旅遊大巴的蹤跡。

“怎麼辦？”悲傷阿姨又憂心忡忡地問。

此時的方臉大叔沉默了下來。

“今晚&$*%星、@#$&星和¥£€*星會連成一線。”行空忽然說。

這個回答讓兩個大人眼前一亮，因為在馬爾星球上，當三星（&$*%星、@#$&星和¥£€*星）連成一線時，最適合遠行。

“孩子的媽，是不是……”

方臉大叔話還沒說完，悲傷阿姨直接宣佈：“大家都回房打包行李，我現在就準備晚餐。”

第32章•啟程

方臉大叔拿著羅盤，往前走幾步，再往後退幾步。

“羅盤的指針還是轉個不停嗎？”馬力問。

“嗯！也許再等一會兒。”方臉大叔抬起頭來，“我們先報個數吧！”

像在馬丘比丘老山和拉諾斯大草原一樣，他們依據年齡大小報數，可是當馬力報完時，卻聽不到行空的聲音。

“行空上哪兒去了？”悲傷阿姨問。

“不知道，剛剛還在。”叮叮答。

話甫歇，他們同時聽到腳步聲，由上而下。

“行空，是你嗎？”馬力抬頭問。

“是我，”行空現身，肩膀上立著一隻雞，“我不想讓白雪單獨留下，那樣太可憐了。”

上一回到庫斯科，行空也堅持帶上雞，馬力已經不想反駁了，去就去唄！結果雞自己出狀況，拍拍翅膀飛走了。

行空還想去追，但為時已晚。

“快！就是現在。”方臉大叔邊看羅盤邊喊，想必它的指針已經停下來，“大家通通上車。”

等車門一關上，方臉大叔立刻發動引擎。沒多久，神奇的一幕發生了，水族箱的玻璃牆整面爆破，發出巨大的聲響。

當水沒至車頂，整輛房車浮了起來，不一會兒的工夫便往“水族箱”開去。

這次除了金槍魚、狗魚、翻車魚、鰻鱺、紅菇珊瑚、太陽珊瑚、海蘿、蜈蚣藻外，馬力還看到許多其他新奇的海底生物，簡直琳琅滿目、目不暇接。

不知過了多久，馬力才想起重要的事。

“我們這是去哪個城市？”他問。

“哈瓦那。它是古巴的首都，也是羊皮卷藏寶圖發現的地方。”悲傷阿姨答。

馬力感到好奇，巫老師不久前才在課堂上提到羊皮卷藏寶圖，怎麼悲傷阿姨也知道？

叮叮和咚咚聽完笑不可支。

“笑什麼？”馬力怒目相視，“妳倆就不能正經點兒嗎？”

“我們笑你根本沒搞清楚前因後果，羊皮卷藏寶圖其實是我媽告訴巫老師的。”叮叮說。

“為什麼？”馬力停頓了一下，“我的意思是怎麼悲……巫阿姨也對那玩意兒感興趣？”

“馬力，”悲傷阿姨開口了，“自從叮叮告訴我飛行器有可能降落在古巴，我便展開研究，發現這個國家相當貧瘠，連個金礦也沒有，除了海底廢墟和羊皮卷藏寶圖還有點兒希望外，沒別的了。”

“希望？什麼希望？”馬力問。

悲傷阿姨答不管飛行器為什麼會降落在古巴，是迫降也好，是有意為之也行，如果沒有黃金，啟塔星人最終還是會轉移陣地。

“妳的意思是啟塔星人已經知道有藏寶圖一事？”馬力又問。

這次叮叮和咚咚笑得眼淚都掉下來，還沒等馬力反擊，行空先一步解答，他說：“啟塔星人不需要藏寶圖也能依靠超能力找到寶藏，換言之，需要依賴藏寶圖指出明路的是我們，非他們。”

這下子馬力懂了，可是他還有疑問，既然啟塔星人具備超能力，知道哪裡有黃金，現在恐怕已經得手，搞不好也離開地球了 。

“這不好說，”方臉大叔答，“如果飛行器損毀嚴重，他們只能徒步走，加上長相跟人類不同，為了避免麻煩，極可能選擇夜行。如此一來便大大拖延進程。”

“也就是說啟塔星人很可能還留在古巴，那麼他們仰賴我父母的幫助就更甚，肯定不會傷害他們。”

方臉大叔認為這個推論不無道理，這讓馬力放心不少。

“太好了，不是嗎？”行空對馬力說。

“是的，太好了。”馬力笑著回答。

第33章·向西或向東

海底是一個多姿多彩的世界，不僅有洋底火山、峽谷、海溝等地形，還有豐富的植物和動物；海底同時也是寧靜且黑暗的，有趣的是在一片昏暗的深海裡，卻能見到許多閃爍的光點。

“那些都是有發光器官的魚。”行空推一推他的黑框眼鏡，“現在向我們游過來的是頭尾燈魚，它的最大特點是頭尾兩處各有一盞發亮的小燈；它身旁的那條則是閃光魚，眼皮底下有眼燈，當眼球向上時不發光，向下則發光，看起來忽閃忽滅，故名閃光魚。”

“你們看！”叮叮指向右手邊，“那條魚的頭上有釣魚竿。”

行空解釋那是安康魚，發出閃光的釣竿是為了引誘小魚，也算是它的謀生工具。

“行空，你好厲害呦！簡直就是一本百科全書。”馬力有感而發。

“這世界比想像的還要複雜很多，我知道的不過是滄海一粟，不足掛齒。”

馬力心想一個外星人竟然能把中國成語使用得這麼溜，簡直太神奇了！

“孩子們，”方臉大叔忽然開口，“都繫好安全帶，車子馬上就要起飛了。”

馬力感到興奮極了，心噗通噗通地跳。

當車子進入海洋漩渦黑洞，馬力又看到流光溢彩，既五光十色又變化萬千。沒多久，車子衝出水面，然後“哐啷”一聲落在一片松林裡。

“這是哪裡？”馬力問。

葛家人齊答：“哈瓦那。”

馬力以為哈瓦那好歹是古巴的首都，不應該這麼“原始”才是。

悲傷阿姨說讓她去問問，結果這一走就是好半天 。

“請問……”馬力一開口，車內的八隻眼睛齊刷刷對準他，“請問悲……巫阿姨會不會遇到什麼危險了？”

“你的擔心不無道理，我這就下車去找她，你們都待在車內。”方臉大叔說。

結果他一下車就看到自己的老婆，兩個人一起回到車上。

“我走了好長一段路才遇到咖啡種植園的工人。”悲傷阿姨解釋，“他們告訴我這裡不是哈瓦那，而是古巴最西部的省份——比那爾得里奧。如果想到哈瓦那可以沿著瓜馬河往東，也就是我們身旁的這條河。”

“那走吧！”叮叮說。

“可是……”悲傷阿姨一開口，十隻眼睛齊刷刷對準她，“可是工人說沿著中央公路往西有座海盜山，傳說古時的海盜把搶來的財寶都埋在那裡。”

此話一出，每個孩子都睜大眼睛。

於是方臉大叔問大家是先往東到哈瓦那，還是往西到海盜山？

“往西到海盜山。”四個孩子齊答。

“看來即使我倆投反對票也沒用。”方臉大叔無奈地對悲傷阿姨說。

第34章•海盜山

路上，行空給大家介紹比那爾得里奧，它是古巴的天然大教堂，有約25000公頃的森林和八千多種植物，動物當中以鳥類居多，甚至可見世界上最小的鳥（蜂鳥）……

馬力心想和首都哈瓦那相比，這裡才像是海盜會埋藏寶藏的地方，想不通為什麼羊皮卷藏寶圖會出現在相對繁華的首都？

車子繼續沿著中央公路向西，不到兩個小時，他們看到一座鬱鬱蔥蔥且頗為陡峭的山峰。

"這是海盜山嗎？"咚咚問。

“不清楚，對向有趕牛人，我開過去問問。”方臉大叔答。

這趕牛的架勢相當浩大（貌似都是小牛），幾乎霸佔了半條公路的寬度，方臉大叔不得不小心駕駛，以免撞上了。

等車子避開牛隻，方臉大叔讓悲傷阿姨下車問走在牛隻後頭的趕牛人。

得到答案後，悲傷阿姨回到車上。

“媽，結果如何？”叮叮問。

“這座山正是海盜山，入山口就在前方不到兩公里處。”

叮叮又問那人趕這麼一大群牛去哪裡？悲傷阿姨答上戶口。

“上戶口？”四個孩子齊問。

“在古巴，牛受政府保護，從出生到死亡都由國家負責，未經批准不得宰殺。換言之，牛上戶口是為了在根源上起到保護牛隻的作用。”悲傷阿姨停頓了一下，“反正那個人是這麼說的。”

這倒稀奇！

等到了所謂的入山口，馬力的心咯噔了一下，怎麼還收費？搞得像旅遊景點似的。

“收費員說車子還能往前開一小段，接著就得下車爬山了。”悲傷阿姨翻譯。

“那走吧！”方臉大叔答完，腳踩油門。

第35章•可可島與藏寶圖

撇開“山裡藏著寶藏”的傳說，這座山其實就是個天然大氧吧，沿途盡是茂密且蜿蜒的林間小道，那奇特美麗的動植物、潺潺流淌的清澈小溪、飛流直瀉的瀑布與某個特定時刻會出現的七色彩虹……等，簡直美不勝收，宛如世外桃源。

“我感覺海盜山不太可能有寶藏，若真有，政府早封閉起來自己挖掘了，哪還輪得到遊客？”馬力說。

“也許他們沒有藏寶圖，所以索性開放給大眾。”咚咚答。

馬力還是不苟同，既然開放尋寶，何不多收費？六個人只收兩個比索，大概只夠打掃衛生。

“講到藏寶圖，”行空推一推他的黑框眼鏡，“如果海盜山真有寶藏的話，在哈瓦那發現的羊皮卷藏寶圖未必適用，因為以前的海盜可不止一批，好比以英國海盜威廉•湯普森為首的海盜團體到現在還被祕魯人民恨得牙癢癢的。”

英國海盜？祕魯？這聽起來很有趣。

“你倒是快說，話說到一半，真要急死人了！”馬力催促著。

“我看我們還是坐下來喝杯茶，行空也好把海盜故事說完。”悲傷阿姨提議。

無人反對，於是悲傷阿姨從她的背包裡拿出一個摺疊式鐵片，一番操作下成了鐵壺，接著她差叮叮拿著鐵壺去取水，自己則把硅膠做的壓縮杯一一打開。

等茶泡好後，人手一杯，行空也開始講故事：

19世紀上半葉，南美反西班牙統治的民族獨立運動進行得如火如荼。趁著兵荒馬亂，以威廉·湯普森為首的英國海盜洗劫了祕魯的港口城市卡亞俄，掠奪寶物共計24箱，包括教堂圓頂上的金瓦片、純金聖母瑪利亞雕像、大量的金

幣、金杯、首飾和寶石等，可謂價值連城。

英國海盜後來駕船來到太平洋公海，經商議，他們一行11人決定駛向無人居住的荒島——可可島。

登上小島後，海盜們把搶來的寶貝都埋在島上，然後乘船離去。途中，他們遭到大風暴的襲擊，船翻了，11名海盜全落入海裡。危急時刻，他們看到一艘大船，於是大聲呼救，哪知這艘船正是派來抓他們的。

11名海盜被救上後，船長當場殺了8個，只留下3名年輕海盜，讓他們帶路把被盜的國寶給追回來。結果其中一名海盜染上了瘟疫，並且很快死去，這下子船上人人自危，誰也無心尋寶。

兩名海盜看準時機，在一個月黑風高的夜裡跳海逃生，後被一艘美國捕鯨船救起。當這艘船經過夏威夷群島時，一名海盜要求留在島上，另一名則隨船回到美國。

留在美國的海盜後來當上海員，在一次從古巴到加拿大的航行前，他向一位好友透露當年發生的事。消息很快傳開，

可可島也成了全世界尋寶人趨之若鶩的島嶼……

當行空講故事時，馬力拿著樹枝在地上寫字。

"你在寫什麼？"叮叮問，同時探過頭來，"太平洋、海盜、24箱寶物……你寫這些幹嘛？"

"我覺得故事好像跟某件事有關，但一時又想不起來，所以把關鍵字寫下來。"他答。

"我知道！"咚咚大喊一聲，"這跟羊皮卷藏寶圖上的文字有雷同之處。"

咚咚不說，馬力還真忘了，只是隱約有些印象。

"你們誰還記得羊皮卷藏寶圖上寫了些什麼？"方臉大叔問。

行空表示還是由他來吧！然後他像朗讀詩文一樣地搖頭晃腦起來。

當太陽與月亮對峙之時，

流動不息的水退去。

走在彩色的樹枝上，

你應尋找紅唇蝙蝠魚所在的雪山之巔。

當海盜的24箱寶物重現天日，

願你如大力士，

因為水之惡魔已經上路。

“真的耶！”叮叮興奮地喊著，“又是水，又是海盜，連裝寶物的箱子也剛好是24箱，這也太湊巧了！”

“還有一點，”咚咚也加入，“當年參與的海盜後來成了海員，還把祕密告訴好友，地點正是古巴。”

“等等，”悲傷阿姨舉手要大家安靜，“讓我梳理一下，如果那名好友是猶太人，離開古巴前把藏寶地點用希伯來文寫在羊皮上，再放進陶罐密封起來，然後就近藏在哈瓦那碼頭附近......”

馬力認為這個推論看似合理，但也有說不通之處，譬如那名好友為什麼要便宜別人？自己去尋寶豈不更好？

針對馬力的疑問，方臉大叔答：“海上不確定的因素很多，船隻不見得都能安全返航。換言之，海員的生命無法得到保障，那麼把藏寶地點用隱晦的方式留下也不難理解，你甚至可以說那位'好友'對昔日海盜的說辭尚有所保留，所以沒有馬上採取行動。"

"如果這個推論屬實，那麼寶藏便不在古巴，而在可可島，這兩地相距甚遠，但叮叮說飛行器墜落的地點在北緯19度，西經80度的地方，這......"馬力再度提出疑問。

"用那個東西測一測，不就清楚了？"悲傷阿姨說。

方臉大叔有個羅盤，不僅能測方位，連時間也掐得精準（好比每一次的海底之旅），可惜它經常罷工，而且使用過一次後，要等待很久才能再次使用，所以必須把機會留在刀口上。

"孩子們，"方臉大叔開口了，"你們確定要？"

四個孩子你看我，我看你，最後皆點頭。

"好吧！讓我看看羅盤現在能不能起作用。"他答。

第36章•下山

方臉大叔掏出羅盤，可惜指針依舊轉個不停。他無奈地表示現在只能等待了，因為一旦走錯方向，耗費的時間反而拉長。

“請問……”馬力一開口，十隻眼睛齊刷刷對準他，“如果羅盤顯示寶藏就在古巴，那正好；如果不是，那也不代表啟塔星人就不在古巴，畢竟我們找的是人，不是寶藏。”

“你說的對！但羅盤不能用來找人，我們只能依據其他線索來判斷。”方臉大叔答。

這個答案雖不令人滿意，但也無法苛責，畢竟沒有任何東西是萬能的。

“既然一時不知該何去何從，我們不妨下山填飽肚子再做打算。”悲傷阿姨說。

眾人皆無異議，因為打從來到古巴，也只有一杯茶水進肚，大家正飢腸轆轆呢！

“下山前，我們先報個數。”方臉大叔說。

於是他們依據年齡大小報數，行空最小，當他報完，代表點名完畢。

“太好了，都在。”方臉大叔精神奕奕，“現在我領路，孩子的媽殿後，有事喊一聲。”

第37章·當太陽與月亮對峙之時

車子開了好長一段路，連個商鋪也沒有，好不容易才看到一個規模不大的市集，賣的多是農產品和日用品，當中也有小吃攤 。

“那是什麼？”叮叮問。

眼前的攤位賣的是用玉米葉包裹的東西，樣子看起來像個方形的錢包，由於被蒸煮過，葉子呈淡黃色。

“Qué es esto?”悲傷阿姨問。

“Tamal.”那個全身戴滿金色首飾的胖大媽答 。

其實這樣的問答毫無意義，誰會知道什麼是Tamal？

於是悲傷阿姨進一步追問，這才知道裡面包的是玉米麵糊，可蒸可炸，類似中國的粽子。

馬力知道粽子，立即表示想吃。他一說想吃，其他3個孩子也附合，於是悲傷阿姨一口氣買了6個，一人一個。

傳統的粽子起碼包點兒什麼，好比五花肉、栗子、香菇......等，然而這個"玉米粽子"卻是個"澱粉粽子"，裡面什麼都沒包。

"你們覺得好吃嗎？"悲傷阿姨問。

"不好吃，我想吃肉。"

叮叮一說想吃肉，其他3個孩子也附合，包括馬力。

"那麼我們往前走吧！也許前面有肉可吃。"方臉大叔說。

果然沒走多遠他們就看到肉，還是一整車的肉，讓他們垂涎三尺。

"孩子的媽，妳問問這整隻烤乳豬要多少錢？"方臉大叔對悲傷阿姨說。

結果那個留平頭的小哥一開口就要100個比索，對照方才的"玉米粽子"，簡直就是天價！

此時馬力挺身而出，不論對方怎麼說，他皆答Cincuenta（50），最後竟然還成交了。

“馬力，你好厲害啊！”叮叮說。

“對！簡直就是個殺價高手。”咚咚說。

這兩姐妹很少讚美馬力，看來這次做對了。

“嘻！還好我的西班牙語沒全忘光。”馬力心想。

接下來他們圍著攤子吃烤乳豬，兩隻手油膩膩的，但心情是愉悅的。

吃飽喝足後，他們返回車內，然後就近找了塊空曠的地搭帳篷。

“行空，你說明天羅盤會不會起作用？”馬力一躺下就問“室友”。

“不知道，最好能起作用，因為時間不多了。”他答。

馬力問什麼意思？

“羊皮卷藏寶圖上有句話——當太陽與月亮對峙之時，你認為是什麼時候？”行空反問。

按理說，太陽與月亮不會同時出現在天上，但也不是那麼絕對，馬力就曾在天氣晴朗的大白天見過那兩個傢伙同時現身。

行空答這種現象叫日月同輝，只要天氣晴朗，同時太陽和月亮的角距在120度到170度之間就有可能同時見到，但這不算對峙，所謂的對峙應該是在一條直線上......

“行空，你乾脆直接講答案好了，省得我猜。”馬力說。

“日食，當月亮處在太陽和地球中間，它們不就對峙了？”

“對呀！我怎麼沒想到？可是這跟‘時間不多了’有什麼關係？”

“今年的日食會出現在11月30日這一天，算一算只有一個月多點兒。假設真有那24箱寶藏，同時啟塔星人也盯上了，那麼我們得趕在他們前面找到，否則有可能‘人財兩失’。”

馬力知道這個“人”指的是自己的父母，這加劇了他的恐懼。

“希望明天羅盤能指出一條明路來，這是父母能活命的線索。”馬力祈禱著。

第38章•白雪回歸

次日，馬力一起床就問羅盤能不能作用？

“不能，指針還是轉個不停。”方臉大叔答。

洗漱完畢，馬力又問，答案還是No。

吃完早餐，馬力三問，方臉大叔依舊搖頭。

馬力心想吃午餐時再問吧！省得方臉大叔心煩，結果正當他們收拾帳篷時……

“指針慢下來了。”方臉大叔喊著。

他們全靠過去，羅盤上的指針真的漸漸慢下來，最後指向一個方向——北緯9°，西經84°。

“這是哪裡？”馬力問。

“應該是哥斯達黎加附近。”方臉大叔答。

馬力一時迷糊，問怎麼不是可可島？

叮叮和咚咚聽完，咯咯咯地笑。

“笑什麼？”馬力怒目相視，“妳倆就不能正經點兒嗎？”

“我們笑你連可可島是哥斯達黎加的國土都不知道。”叮叮說。

“對，好白痴喔！”咚咚接著說。

馬力不信，問行空這可是真的？結果行空點頭，這下子他難為情極了。

“好了，兩姐妹都別笑馬力了，還是商量正事要緊。”方臉大叔一臉嚴肅，“羅盤顯示寶藏在哥斯達黎加附近，極可能就是可可島，但叮叮目測到飛行器降落的地點在古巴，我們是繼續留在古巴，還是南進可可島？”

這真是一個不好回答的問題，但叮叮回答了，她說：“既然我們找的是馬力的父母，那麼由馬力來決定吧！”

此話一出，十隻眼睛齊刷刷對準馬力。

“這……這……這叫我怎麼選？”馬力又羞又怒。

馬力下不了決定不難理解，因為人命關天，尤其還攸關他父母的安危。

就在大家都不知如何是好時，天際傳來熟悉的咕咕聲，由遠及近，這該不會是……

冷不防一個白色的影子拍打著翅膀向他們飛來。

“白雪~”馬力和葛家人驚呼。

這隻雞在空中盤旋一會兒後，最後落在行空的肩膀上。

“行空，你的雞跨越半個地球來找你了。”馬力說。

“我知道。”這個小個子男孩不無驕傲地答。

第39章·找麻煩的雞

白雪的回歸讓大家頗為興奮，它是怎麼飛越太平洋找到大夥兒的？簡直太神奇了！

然而高興、驚訝之餘，馬力還有小小的擔憂，因為他發現白雪身上的羽毛掉了好幾根，喙的部分也有挫傷。

行空要馬力放心，白雪傷得不重，應該很快能康復......

“我擔心的不是這個，而是羊駝。既然白雪受傷了，它倆必曾大戰過，羊駝會毫髮無傷嗎？”

此話一出，一片死寂。

“我說錯什麼了嗎？”馬力忍不住問。

“你沒說錯，而是……”

方臉大叔話還沒說完，被悲傷阿姨截了去，她要大家趕緊上車。

“去哪兒？”叮叮問。

“我也不知道，但肯定得走，這裡前不著村後不著店，連個寶藏也沒有。”悲傷阿姨答。

“妳這話說得……”方臉大叔的臉沉了下來，“我要怎麼開車？”

眼看夫妻倆將有一吵，結果被一個突發狀況給化解了，因為剛回歸的白雪又飛走了。

“白雪！”行空邊喊邊去追雞。

悲傷阿姨當機立斷要其他人上車，好去追行空。

等行空上了車，他指著前方說：“白雪在那兒！”

不用他提醒，大家都看到那個在天空中奮力拍打翅膀的白色身影。

“你的雞可真會找麻煩！”馬力忍不住抱怨。

“也許它想告訴我們什麼。”行空答。

第40章•重回海底世界

也不知開了多久，空氣中開始有了海腥味，而且越來越濃烈，直到看到藍色大海，車子才停下來，因為此時的雞已經降落在海面上，隨著波浪一上一下。

“白雪是不是想告訴我們什麼？”馬力問，忘了不久前行空也說過同樣的話。

“它該不會要我們回家去吧？！因為這是通往太平洋的方向。”叮叮答。

“這同時也是通往可可島的方向。”行空推一推他的黑框眼鏡，“只要往南穿過巴拿馬運河再向西北前進就能抵達可可島。”

悲傷阿姨說這個推論挺合理的，但前提是往南。如果往西便到了墨西哥，還真有可能順著那個方向回家去......

“看！白雪游走了。”咚咚忽然大喊。

馬力氣定神閒地要大家放心，因為雞不像鴨，腳掌沒有蹼，游不遠的。

沒想到那傢伙竟在他們的眼皮底下越游越遠，遠到只剩下一個小白點。

行空很著急，這附近沒有船隻，而白雪眼看就要失去蹤跡......

“別急！我們即刻出發。”方臉大叔說。

馬力心想眼前是汪洋大海，車子要怎麼渡過 ？

結果方臉大叔直接把車往海裡開去，不一會兒的工夫，水便沒過車頂，他們又來到海底世界。

第41章・海鮮大餐

很快，他們便發現那雙拼命在海面上划水的雞爪。

“叮叮，妳游過去把白雪抓回來。”方臉大叔說。

“那是行空的雞。”叮叮很不服地答。

“行空不會游泳，妳又不是不知道。”

“那好吧！”

正當叮叮想開了車窗游出去時，奇怪的事情發生了。

“這是怎麼回事？”行空推一推他的黑框眼鏡，“白雪竟然一溜煙不見了。”

於是方臉大叔加速去追，然而不論怎麼追，白雪總和車子保持一艘普通遊艇的長度。這個距離不長也不短，反正剛好能讓他們看到它的小爪子。

“車用羅盤上顯示這個方向往南，還真有可能過了巴拿馬運河，然後往可可島奔去。”悲傷阿姨說。

馬力心想原來這就是白雪想告訴大家的——寶藏在可可島，他的父母也在那兒。

“請問……”馬力一開口，十隻眼睛齊刷刷對準他，包括正在開車的方臉大叔。

“小心！”馬力緊接著喊。

他之所以慌張是因為房車眼看就要撞上一隻身長約一米的奇怪海龜，它的頭部呈三角形，看起來酷似鱷魚頭，龜殼上還有突起的盾片。

方臉大叔也注意到了，嚇得趕緊將方向盤往回撥，這才避免了一場“車禍”。

過了幾分鐘，方臉大叔回過神來，他問馬力有什麼事？

“沒事，你小心開車。”他答。

馬力想問的是從這裡開向可可島起碼24個小時，難道一整天都不吃不喝？然而此情此景還是保持沉默為佳（免得再次發生“車禍”），誰能想到行空卻在這個時候喊餓。

他一喊餓，其他3個孩子立刻響應。

“車上只有餅，我再泡壺茶，大夥兒將就著吃吧！”悲傷阿姨說。

“怎麼會只有餅？”方臉大叔笑了，“這裡到處都是海鮮，想吃什麼告訴我。”

於是孩子們紛紛指向窗外，把想吃的魚類和甲殼類一一點名。

“沒問題，看我的。”方臉大叔答。

也不知他按了什麼開關，一把看似做工精良的射魚神器從前車蓋裡冒了出來，接著左右開弓，一射一個準，捕獲的獵物則通過輸送帶，一個個被送進車後廂的廚房水槽裡。

“看來現在是我大顯身手的時候。”悲傷阿姨摩拳擦掌，“孩子們，通通跟我進廚房幫忙。”

“好咧！”四個孩子齊答。

第42章•被鯨活吞

吃完有魚、有蝦、有蟹、有貝類的豐盛大餐後，他們心滿意足地回位坐好。此時前方的一雙小爪子依然奮力向前划，絲毫沒有一絲懈怠。

“行空，你的雞好像機器，不會餓也不會累。”馬力說。

“它也吃東西，你不也看過？”行空答。

“可是現在它起碼已經空腹好幾個小時，卻依然精力充沛，這不挺奇怪的？”

“我無法回答你這個問題，”行空推一推他的黑框眼鏡，“你還是問白雪吧！”

馬力心想行空是不是傻了？他若能問白雪不早問了，何必在此自說自話？

哪知“碰”的一聲傳來，擋風玻璃上出現一團白色物。

“那是什麼？”馬力問。

叮叮、咚咚和行空齊答：“白雪。”

方臉大叔緊接著要悲傷阿姨伸手去抓白雪進車。

“等等，”馬力忽然想起重要的事，“這車窗一開，水不就進來了？”

方臉大叔同意馬力說的，遂改口等車子開到水面上再動手吧！

哪知“碰”的一聲又傳來，緊接著一片漆黑 。

“這是哪裡？”一向很少說話的咚咚開口問 。

“不知道，我開大燈瞧瞧。”方臉大叔答 。

這一瞧，他們同時看到上下兩排鋒利的尖牙 。

“我們應該是在鯨的嘴巴裡。”行空很沉著地下結論。

他不說則已，一說，恐懼立即爬上每個人的心頭。

“大家都坐好了，等鯨一張開嘴，我立馬加速衝出去。”方臉大叔很果斷地說。

這頭鯨倒是很快張嘴，就在吸入大量海中動植物的同時，白雪竟也隨著落入鯨的咽喉內。

“白雪！”行空聲嘶力竭地喊，已沒有當初淡定的模樣。

方臉大叔本來想開車往外衝，這個突發事件讓他猶豫了一下，結果錯失良機。

“別慌別慌，”悲傷阿姨安慰方臉大叔，“它應該還會張嘴。”

“問題是我們能扔下白雪不管嗎？”方臉大叔問。

行空立即答不能。

他一表態，其他三個孩子當然無條件支持。

“看來即使我倆投反對票也沒用。”方臉大叔無奈地對悲傷阿姨說。

第43章•犧牲品

鯨的咽喉口很小，估計吞進一個成年人都有困難。

“看來只能硬闖了。”方臉大叔說完，腳踩油門。

由於咽喉四周的肌肉相當有彈性，房車攻了幾次才闖關成功，緊接著滑進長長的通道……

“這是什麼？”馬力指著玻璃窗上的粘稠物問。

“那是食道粘液。”行空答。

“好噁心！”

“這還是剛開始。”

馬力正想追問，車子已經進入到一個比較寬闊的地方，此時窗外的粘液轉換成綠色肥皂水，同時還能見到已經支離破碎的動植物屍體。

“好恐怖喔！”咚咚說。

行空介紹這是鯨的胃，看起來像綠色肥皂水的液體就是胃液，用來粉碎食物。如果有機會到車外，那氣味非常難聞，同時溫度也高達50度以上……

“謝了！”馬力開口，“這種機會還是免了吧！”

離開鯨的胃，車子落入一個短通道，緊接著又來到滿是綠色肥皂水的地方。

叮叮問這是哪裡？行空答還是鯨的胃，通常鯨有4個胃，不過也難說，初氏喙鯨就有15個胃。

這意味著他們至少得經歷四次“被粉碎”，馬力很擔心這輛房車能不能扛得住？

行空要馬力放心，這房車由飛行器改裝而成，外殼是高熔點的輕金屬，重量雖輕但十分堅固，即便金剛石鑽頭也無法穿孔，同時還能耐10000度以上的高溫，只是……

“只是什麼？”馬力急了，“你倒是快說呀！”

“只是接下來我們將落入鯨的百米腸道，這腸道太過狹窄，房車如果硬闖的話，鯨會因忍受不了疼痛而翻滾，甚至快速下降至深海底。我們倒是無所謂，但地球人恐怕無法承受這驟升的水壓。”

聽行空這麼一解釋，馬力心想腸道肯定不能進，可是如此一來，白雪怎麼辦？

沒想到叮叮竟然提議大家投票，看是犧牲馬力還是犧牲白雪？

這突來的投票建議讓馬力緊張萬分，他好害怕自己會被犧牲掉，心噗通噗通地跳。

“絕對不能犧牲馬力，他是我們的家人。”方臉大叔說。

“沒錯，再怎麼也不能犧牲他，所以沒必要投票。”悲傷阿姨說。

聽兩個大人這麼一表態，馬力幾乎要喜極而泣，只是心裡有點兒過意不去，畢竟犧牲的是行空的雞。

“我看我們還是趕緊離開這裡吧！”行空推一推他的黑框眼鏡，看不出心情好壞，“但願白雪已經被鯨排出體外。”

第44章•繼續前行

方臉大叔沿著來時路回去，除了通過咽喉口時出現一點兒小問題，其餘都很順利。

當房車終於駛出大得宛如一艘航空母艦的鯨體時，他們全長舒一口氣，可是……

“看樣子白雪並沒有被鯨排出體外。”叮叮說。

“即使被排出體外，大概也成了一團糞便。”咚咚說。

因為馬力，白雪無疑被犧牲了，這讓他很內疚。

“行空，對不起。”馬力說。

“為什麼要說對不起？這又不是你的錯，”行空推一推他的黑框眼鏡，“何況我有強烈的預感——白雪還活著。”

如果真能那樣就好了。

“既然一時沒有白雪的蹤跡，我們還是繼續趕路吧！”方臉大叔說。

“好吧！”孩子們齊答，少了平常的活力。

第45章•上岸

房車上有個車用羅盤，依據指示，他們應該已經來到可可島，尤其四周圍的海洋生物逐漸多了起來（肉眼可見鯊魚、鰆魚、金槍魚、旗魚、劍魚、矛魚、蝠鱝、黃刺魚……等，還包括難得一見的藍鯨和寬吻海豚），同時珊瑚礁隨處可見，這是接近島嶼的徵兆。

“我把車開到水面上瞧瞧。”方臉大叔說。

等車子浮出水面，他們果然看到一座島，可是……

“這島未免也太小了。”馬力說。

眼前的島是真的小，小到能一眼全納入眼底，與此同時，各種鳥叫聲不絕於耳。

“這不是可可島，而是它的衛星岩。”行空推一推他的黑框眼鏡，“可可島乃海底火山群露出海面的一塊巨大岩層，四周有幾個零星的突出岩。可別小看這些岩石，它們是候鳥和本地鳥類的棲息地，也是海洋生物的重要清潔站。”

馬力問清潔什麼？行空答魚身上難免有寄生蟲，所以需要一些特殊的魚類來吃掉它們。

聽到這個回答，馬力不禁感嘆造物主的偉大，一物降一物，說的不正是這個？

“既然已經看到衛星岩，代表可可島就在附近，孩子們，你們都睜大眼睛仔細找找吧！”方臉大叔說。

“好咧！”四個孩子齊答。

可可島倒是不難找，只一會兒工夫就找到了，只是島的四周暗礁林立，很難靠近。

“你繞島一周看看，總得讓車子上岸。”悲傷阿姨說。

港口倒是不難找，只一會兒工夫就找到了，只是這輛“海陸兩用”房車太過搶眼，而他們絕不能“再次”被媒體關注。

於是方臉大叔將車子駛離，最後停在一處看起來人跡罕至的懸崖前。

“爸，你該不會讓我們爬這個近乎垂直的峭壁吧？！”行空問，聲音是顫抖的。

“當然不是。”方臉大叔答，“這車子太醒目了，所以我把它‘藏’在這裡。”

聽到這個答案，行空鬆了一口氣。

“然後呢？”馬力問。

“然後咱們游泳過去，離此約五百米處有一片岩岸，不高，來時路上我已經目測過了。”

聽到這個答案，行空又緊張起來，因為他不會游泳。

“誰背行空？”叮叮問。

“當然我背。”方臉大叔責無旁貸地答。

第46章•烤餅

他們快速準備好行囊，悲傷阿姨還發給每個人一個防水罩，以防背包裡的東西全打濕了。

“準備好了嗎？”方臉大叔問。

“好了。”眾人齊答。

就這樣，大家把罩上防水罩的背包綁在腰間，然後一一入水。

游泳的過程沒想像中順利，好幾次馬力差點兒被大浪給捲走，後來拼了命才歸隊。

上岸後，方臉大叔要大家報數，行空最小，當他報完，代表點名完畢。

“太好了，都在。”方臉大叔精神奕奕，“現在我們找個地把濕衣服換下，同時升火取暖，病倒了可不好。”

火升起來後，身體溫暖了，馬力心想如果能再來個烤餅就完美了。

“想吃烤餅的舉手。”悲傷阿姨問，彷彿有心電感應。

馬力感覺像在做夢，問：“妳哪來的烤餅？”

悲傷阿姨答她帶了餅過來，把餅放在火上烤，不就成了烤餅？

這真是個意外的驚喜，四隻小手和一隻大手紛紛舉起，有餅可吃，哪能錯過？

拿到乾巴巴的餅後，他們將樹枝插入餅內，再置於火上烤，餅香立即撲鼻，讓人口水四溢。

吃完烤餅，馬力感覺全身都注入了活力，像滿格的電池。

“孩子們，時候不早了，我們出發吧！”方臉大叔喊。

“好咧！”大家齊答。

第47章•泥石流

島上地勢崎嶇，加上常綠闊葉林的大面積覆蓋，行走相當不便。

也不知走了多久，他們終於來到一塊相對平整且無樹木環繞的平地上。馬力指著前方，說："看！起霧了。"

"那是雲霧森林。"行空推一推他的黑框眼鏡，"可可島是東太平洋上唯一擁有熱帶雨林的島嶼，這裡樹木繁茂，鮮花、菠蘿科、蕨類、蔓藤、苔蘚……等數不勝數，終年濕度因此接近100%，所以溫度一旦升高便容易產生雲霧。"

"熱帶雨林？"叮叮問，"熱帶雨林不是經常下雨嗎？"

話甫歇，他們同時聽到淅淅瀝瀝的聲音由遠及近。

“妳可真是烏鴉嘴！”馬力忍不住吐槽。

“我哪知道天真的下雨了。”叮叮替自己辯駁。

在雨中行走絕不是易事，尤其路面凹凸不平，時不時還得爬上爬下，苦不堪言。

“能不能休息一會兒？”咚咚一屁股坐下，“我累死了。”

行空說趁著雨勢不大，還是換個地兒休息。

“到哪兒不是休息，何必選地？”咚咚問。

“妳坐著的地方背靠陡峭的山坡，如果暴雨來襲，很容易造成泥石流。”行空答。

“反正現在雨不大，等雨大一點兒時再煩惱也不遲。”叮叮說完，坐在咚咚身旁，“我也累了，正好休息一下。”

馬力心想這兩姐妹簡直腦子進水了，好歹也找個能擋風遮雨的地方休息，就這麼"毫無遮擋"地被雨淋，那滋味一點兒也不好受。

"現在雨是不大，但不代表山頂也只是下小雨。"行空再次提出警告。

"算了！運氣不會那麼背。"悲傷阿姨跟著坐下，"我也累了，正好休息一下。"

馬力心想這母女三人簡直沒救了，腦子都能養一大缸子的魚……

此時，一記悶雷聲傳來。

"這是要打雷了嗎？"馬力邊問邊望向天際。

"快跑！是泥石流。"

經行空這麼一喊，他們全往低處跑，後頭跟著巨大的石塊與泥漿。

第48章•往深處走去

他們使出吃奶的力氣往前奔，眼看就要被泥石流追上，結果一腳踩空，兩大四小全落入一個坑洞裡，連滾帶爬之下，才沒被隨後而至的泥石流給掩埋住。

“孩子們，報數！”方臉大叔在伸手不見五指的洞裡喊。

行空最小，當他報完，代表點名完畢。

“太好了，都在。”方臉大叔的聲音聽起來很欣慰，“讓我看看這是哪裡。”

然後稀稀嗖嗖的聲音傳來，大概他正在翻找東西 。

“找到了！”方臉大叔喊。

接著"呲"的一聲，黑暗立刻化為光明，這得感謝一根約五公分長的火柴棒，它的一端已被點燃。

馬力以為方臉大叔掏出的起碼是支手電筒，沒料到竟然是小小的火柴棒，這豈不是沒兩分鐘就燒沒了？

方臉大叔要馬力別擔心，這是一根可以循環使用的火柴棒，不可能燒沒了。

靠著這根小火柴棒，他們終於發現自己身處何方。悲傷阿姨首先下結論："原來這是個隧道，明道的頂部已經損毀，這也是我們往下墜落的原因；暗道延伸的方向則恰好與泥石流流動的方向相反，這可以解釋為什麼石塊和泥流只堆在明道處，並沒有繼續蔓延開來。"

"這麼原始的一座島，誰會在這裡開鑿隧道？"叮叮伸手撫摸牆體，"而且還造得這麼粗糙？"

馬力也有同樣的疑問，印象中的隧道至少擁有平整的牆面，眼前卻是凹凹凸凸，像狗啃似的。

"也許這不是隧道，而是下水道。"咚咚提出不同的見解。

行空不苟同，他認為這既不是隧道也不是下水道，因為可可島是一座原生態小島，連原住民都沒有，所以並不需要隧道和下水道這類的公共設施。

“請問......”馬力一開口，十隻眼睛齊刷刷對準他，“請問有沒有可能是盜墓賊挖的地道？”

話一說完，叮叮和咚咚立即捧腹大笑。

“笑什麼？”馬力怒目相視，“妳倆就不能正經點兒嗎？”

等叮叮止住笑，她解釋：“既然連原住民都沒有，哪來的墳墓？”

這下子馬力難為情極了，恨不得挖個地洞鑽進去 。

“好了，都別笑馬力了。”悲傷阿姨表情嚴肅，“不管怎樣，我們只能往深處走去，因為入口處已被泥石流給堵死了。”

“說的對！”方臉大叔深吸一口氣，“看來身先士卒的事還是由我來做。”

他一邁出步伐，幾個孩子立即跟上。

第49章·缺氧

緊隨在方臉大叔身後的依序是叮叮、咚咚、馬力、行空，殿後的是悲傷阿姨。

第一個發現馬力不對勁的是行空。

“馬力，你還好吧？！”行空問。

“我的頭有點兒暈，感覺呼吸不太順暢。”

由於馬力看起來還行，加上他不願成為別人的負擔，頻頻催促大家快走，於是前進的步伐繼續著，哪曉得走了不到五分鐘，馬力不支倒地，大夥兒才意識到事態嚴重。

“我……我……不能呼吸。”馬力氣若游絲地說。

“這究竟是怎麼回事？”悲傷阿姨慌了，“為什麼只有馬力不能呼吸？”

方臉大叔說因為這個通道的氧氣本來就少，加上燃燒火柴會消耗氧氣，馬力是地球人，當然無法呼吸。

“我還是感覺不對。”行空推一推他的黑框眼鏡，“雖然氧氣減少是事實，但馬爾星人吸二氧化碳呼出氧氣，難道我們五人產生的氧氣還不夠馬力一個人使用？”

這個疑問讓方臉大叔和悲傷阿姨同時眉頭緊鎖，代表問題不尋常。

“葛立，你先把火柴熄了，總得讓馬力能夠呼吸。”悲傷阿姨說。

火一熄滅，他們又重回黑暗之中。

“爸，你不會想使用電眼替代吧？！”叮叮問 。

“看來也只能這樣了。”

方臉大叔一答完，兩道亮光從他的雙眼射出，看起來跟漫威電影裡的雷神一樣。

馬力驚歎不已，好傢伙，方臉大叔竟然還會這一招！

“馬力，你現在好點兒了沒？”悲傷阿姨關心地問。

“好一些了，但身體還是發虛。”

馬力一答完，行空忽然倒地，這嚇壞了所有人。

“行空，”悲傷阿姨搖一搖他的身子，“你怎麼了？”

過了好一會兒，行空才睜開眼睛表示沒事。

悲傷阿姨說既然這樣，大家都坐下來休息一下吧！

馬力以為悲傷阿姨緊接著會問誰想喝茶（像從前一樣），結果沒有，大概因為附近沒有水源的緣故。

就在大家陷入沉默之時，方臉大叔拉悲傷阿姨走到角落。

“你爸媽在講什麼？”馬力問行空。

“還不是那回事，”叮叮插嘴，“我們快變成地球人了！”

這家人來自馬爾星，目前已經在地球待了兩年多，一旦身上流淌的綠色血轉變成紅色，他們就成了百分百的地球人了。

“你們的血變紅了嗎？”馬力問。

“這倒沒有，”行空推一推他的黑框眼鏡，“不過我們的呼吸系統正在改變，以前吸二氧化碳，現在看起來比例已經有所變化，否則我不會暈倒。”

原來如此！馬力還以為行空是因為體力透支才倒下，原來他也是因為缺氧而四肢乏力。

“馬力，如果這回再找不到你父親，將會是惡夢一場。我不要成為地球人，絕對不要，這太可怕了，嗚嗚嗚……”

咚咚極少發言，沒想到一口氣說那麼多，還哭了起來，讓大家有些驚慌失措。

聞聲趕來的方臉大叔和悲傷阿姨忙問出了什麼事？

“沒什麼，咚咚口渴了。”叮叮搶答，想來是不願讓她的父母擔憂。

“其實我也渴了，”悲傷阿姨說完，轉看馬力和行空，“你倆現在能走路嗎？”

得到肯定的答覆後，方臉大叔要大家報數，等行空報完，代表點名完畢。

“太好了，都在。”他的雙眼依舊發光，看起來很奇怪，“我們現在出發吧！”

第50章•另一批尋寶人

走了約莫十分鐘，他們同時聽到嘩啦啦的水聲。

"有水，太好了！"方臉大叔說。

馬力心想待會兒他要一口氣喝上好多好多的水，直到把肚皮撐脹了為止，結果……

"這是怎麼回事？"馬力衝到最前面，"水這麼遠怎麼夠得著？"

儘管馬力氣急敗壞，但瀑布的流水聲實在太大，葛家人完全聽不見他說什麼。

方臉大叔往洞口外一探，然後示意大家往後退。當退至五十米外時，方臉大叔喊停，這個距離大點兒聲也能聽得見，同時還有些許的自然光，他可以把電眼關上。

“看樣子這個通道是人為鑿開的，”馬力首先發言，“而且沒估量好，竟然通向瀑布。”

“你怎麼知道沒估量好？也許藏寶圖就是這麼畫的，要不然……否則……你想想……”

由於叮叮越說越“不大聲”，以致後面說了什麼，大家都不是很清楚，倒是“藏寶圖”三個字聽得一清二楚。

“行空，你趕緊把羊皮卷上的文字再唸一遍。”悲傷阿姨催促著。

於是他像朗讀詩文一樣地搖頭晃腦起來。

當太陽與月亮對峙之時，

流動不息的水退去。

走在彩色的樹枝上，

你應尋找紅唇蝙蝠魚所在的雪山之巔。

當海盜的24箱寶物重現天日，

願你如大力士，

因為水之惡魔已經上路。

行空唸完，大家都動起腦筋來。

“我感覺羊皮卷上寫的和眼前所看到的完全對不上。”馬力說。

“也許另有一張藏寶圖。”叮叮緊接著說。

馬力立即取笑她太異想天開，哪來那麼多藏寶圖？

“這也不無可能。”行空推一推他的黑框眼鏡，“1820年，當革命軍攻入利馬時，據說當時的西班牙總督將為數眾多的金銀珠寶裝上船，然後倉皇出逃。不料到了海上，船長見財起意，殺死了總督，然後將寶物藏在可可島上。往後的日子裡，船長一直沒能找到適當的時機重返可可島，直至離開人世，一張真假難辨的藏寶圖才被人們找到。”

如果傳說屬實，那麼可可島上便不止一處有寶藏，這是個好徵兆，代表啟塔星人往這裡來的機率大大增加了。

“請問……”馬力一開口，十隻眼睛齊刷刷對準他，“這條通道明顯是人為鑿開的，有沒有可能是我父母所為？”

方臉大叔思考過後，答：“我不這麼認為，因為通道雖然造得粗糙，但也不是兩個弱文人能輕易鑿開的。話說回來，如果是啟塔星人代鑿的，那會精細很多。”

“你的意思是……”馬力又問。

“我的意思是除了你父母和啟塔星人外，島上可能還有另一批尋寶人。”

這個答案挺讓人意外，如果真有另一批尋寶人，他們是誰？找的是羊皮卷上提到的24箱寶物還是黑心船長藏著的金銀珠寶？

“能不能先解決口渴問題？”咚咚失了耐性，“我快渴死了。”

這提醒馬力——他也快渴死了。

方臉大叔說根據他的觀察，洞口離水面約百米，冒然跳下會有危險，不過取水倒不成問題，因為他有取水神器。

既然這樣，那還等什麼？

於是他們跟隨方臉大叔取水去。

第51章•扶繩而下

到了洞口，方臉大叔從包裡拿出一根空心的小節棍（小到只有一根拇指的大小），接著把它拉長，越拉越長，很快便有一根晒衣棍那麼長，然後往前伸去，當觸碰到瀑布時，水立刻沿管而下，他們只要在另一端張嘴喝即可。

“太解渴了！”馬力抹去嘴角的水痕，“如果能隨身攜帶這透心涼的水就太好了。”

然而瀑布聲實在太大，再次掩蓋住馬力的說話聲，他索性把接下來想說的全吞進肚裡去（他原本想告訴大家那根小節棍像極了中國古書《西遊記》裡的金箍棒，它是孫悟空的兵器，不用時像繡花針一樣小，用時能延至兩丈長）。

等大家都喝足水後，悲傷阿姨做手勢要大家把包裡的壓縮餅乾和肉乾拿出來吃。

此時此刻若能有一碗油潑麵，那該有多好！不過馬力也知道這種"幻想"很不切實際，所以默默吃下那些乾巴巴的食物。

吃飽後，方臉大叔從背包裡拿出一根約十公分的繩子，然後走向洞口，讓它垂直向下，接著神奇的事再度發生，那根繩子不斷地往下延伸，直至觸及到百米遠的水面，方臉大叔才把手裡的繩子壓在一塊巴掌大的石頭下。

馬力感覺這實在太不靠譜了！小小一塊石頭怎麼壓得住繩子？可惜他的質疑再一次被瀑布聲蓋過。

"也許那是一塊非一般的石頭，方臉大叔總不致於置大家於危險之中吧？！"馬力心想。

通過手勢，方臉大叔要大家跟著他扶繩而下，依序是叮叮、咚咚、馬力、行空，最後才是悲傷阿姨。

"可是……"馬力一開口，無人注視他，"可是下到最底部還得游泳，行空怎麼辦？"

瀑布聲依舊震耳欲聾，馬力的擔憂無人聽見，何況為時已晚，因為叮叮已經跟著她父親一步步往下落。

“哎！現在也只能走一步算一步了。”馬力喃喃道。

第52章・四個男人

馬力本來還擔心自己抓不牢繩子，結果太杞人憂天了，因為繩子每隔一小段便有一個繩結，以防手滑。

由於瀑布水花四濺，即使小心翼翼，馬力的全身還是濕透了，他不禁好奇底下三人是否也成了落湯雞？結果這一望，只看到叮叮和咚咚，方臉大叔已經沒了蹤影。

奇怪的事還不止此，過了一會兒，叮叮不見了；再過一會兒，咚咚也跟著消失。

“明明離水面還有一段距離，怎麼那父女三人像變魔術一樣，一眨眼的工夫就不見了？”馬力心想。

他繼續往下，結果不到一分鐘，一股力量將他拉了過去。

“啊～”馬力喊著。

等他定眼一看，眼前的一切嚇壞了他。

“I caught you.”金髮男子開心地說，然後把馬力拎到離洞口約50米處，那裡大點兒聲說話也能聽見。

金髮男一放開馬力，馬力立即奔向方臉大叔，現在他的身後躲著3個孩子。

“他們是誰？”馬力壓低聲音問。

“不知道。”叮叮和咚咚齊答。

馬力問的除了金髮男外，還包括三名橫眉怒目的亞裔男子（這麼一對比，反倒顯得金髮男玉樹臨風，有點兒像動漫《火影忍者》裡的漩渦鳴人）。

金髮男把馬力抓來後，很快又回到洞口，可想而知，行空和悲傷阿姨也先後被他手到擒來。

現在方臉大叔的身後躲著4個孩子。

“他們是誰？”行空壓低聲音問。

“不知道。”叮叮、咚咚和馬力齊答。

此時悲傷阿姨開口了，她以普通話問眼前四人究竟是誰？沒料到他們全聽懂了。

“我們是遊客。”一個有大肚腩的男人答。

方臉大叔問遊客為什麼要躲在這裡？

“我們沒躲啊！”一個有八字眉的男子開口，“藏寶圖上說……”

結果他身旁的肌肉男立即踩他一腳，八字眉男因此哀叫一聲。

“你們為什麼在這裡？”肌肉男反問兩大四小。

“我們是遊客。”悲傷阿姨故意答。

“開什麼玩笑？”他冷哼一聲，“現在的可可島已經禁止遊客上岸了。”

馬力心想這簡直是啪啪啪打臉，大肚男剛剛不也自稱是遊客？

悲傷阿姨接著說：“既然這樣，那麼打開天窗說亮話，我們來島上是為了尋人，找的是一男一女，中等身材，由於長時間沒梳洗，可能現在看起來像野人。”

“那不是……”

八字眉男話還沒答完，又被肌肉男踩一腳，哀叫聲連連。

此時大肚男恍然大悟地說：“噢！原來你們是一夥的。”

這個答案比“那不是……”更容易讓人對號入座，想不通為什麼肌肉男不踩大肚男一腳？

“你們是不是看過我父母？”馬力著急問。

“你父母？”肌肉男睜大眼睛，“原來他們是你的父母？呵呵！那背包可真大。”

此時一直保持沉默的金髮男提醒同伴別套近乎，還是痛快點兒，省得麻煩！

馬力沒聽出來話中話，只是單純地被金髮男的流利普通話給折服，因為他看起來就像一個地地道道的歐羅巴人。

“你們誰先來跟上帝打招呼？”大肚男往前一步問馬力一行人。

咚咚立即舉手，嘴裡喊著：“我我我……”

馬力心想難得能跟上帝打招呼，他也要，結果一把寒光閃閃的匕首隨即架在咚咚的脖子上。

“兄弟，有話好說。”方臉大叔嚇得臉色慘白，但仍強裝鎮定，“如果一定要跟上帝打招呼，那麼由我先上，不過如此一來就沒辦法交換尋寶信息了。”

此話一出，那四個男人你看我，我看你。

“交換尋寶信息是什麼意思？”大肚男問。

方臉大叔要他先把刀放下，嚇壞孩子可不好。

等刀一放下，咚咚立即奔向她母親，看得出來受到不小的驚嚇。

“快說！”大肚男拿刀在方臉大叔面前比劃。

“既然要合作，不妨心平氣和點兒。”方臉大叔把眼前的刀輕輕推開，“想喝茶不？”

“你們有茶？”金髮男問，一副驚訝的表情。

悲傷阿姨立即表示有，她現在就泡。

第53章•另一張藏寶圖

茶一泡好，香味四溢。那四人喝著茶水，一副滿足的神情。

“好久沒喝茶了，想當初我每天起碼喝上一壺。”大肚男說。

“對，像夜壺那麼大的一壺。”

八字眉男一答完，吃了大肚男一記響頭，表情很痛苦的樣子。

馬力感覺八字眉本來看著就挺悲傷的，加上這個男人在團隊裡經常被欺負，活脫脫就是個受氣包，這讓他看起來更加悲傷 。

“如果不是殺了人，我們也不致於連茶都喝不上。”肌肉男忽然冒出一句。

“你這是在怪我？”大肚男吼著。

“怪你怎麼了？”肌肉男吼回去，“難不成我還嘉獎你？”

眼看兩人就要從語言衝突升級到肢體衝突，其他人趕緊將雙方拉開。

“看樣子你們並不想殺人，何不說來聽聽？”方臉大叔答完，示意悲傷阿姨倒茶。

那四人的茶杯滿了，一場談話就此開始。

原來他們都是跑長途的貨運司機，因故被裁員，四人便想到老闆家“拿”東西，理由倒很正當——老闆沒給遣散費。誰能想到睡夢中的老闆會突然醒來，慌亂中，大肚男給了老闆一刀，導致他們現在成了通緝犯。

“這就是你們躲到可可島上的原因？”悲傷阿姨邊問邊再給四人斟上茶水。

“那倒不是，”肌肉男開口，“而是保險箱裡有一張藏寶圖，我們心想既然已經被全國通緝，倒不如遠渡重洋尋寶，興許下半輩子都不用幹活。”

“你還好意思說，”金髮男沉著臉，“什麼都沒拿，就拿個保險箱。”

“你厲害怎麼聽我的？”肌肉男立即暴跳如雷，“當時警鈴大作，根本沒時間搜刮，只能挑最貴重的，誰能想到那麼沉的保險箱，裡面就只有一張圖。”

至此，前因後果大概聽明白了。

“如果藏寶圖不假，你們的下半輩子真的可以躺平。”方臉大叔說。

“就是說嘛！”肌肉男得到支持，很是開心。

方臉大叔接著澄清這是個假說，如果藏寶圖非真或者最終找不到寶藏，還是回國自首吧！畢竟躲躲藏藏的日子不好過……

“媽的！”大肚男抓住方臉大叔的前襟，“我們還用得著你教？”

悲傷阿姨立即打圓場要對方熄怒，既然不願自首，那就竭盡全力尋寶……

“這話提醒我，”大肚男放開方臉大叔，轉而逼向悲傷阿姨，“你們的尋寶信息是什麼？說來聽聽！”

悲傷阿姨嚇得後退好幾步，關鍵時刻，行空像朗讀詩文一樣地搖頭晃腦起來。

．．．

當地球與月亮對峙之時，

流動不息的水退去。

走在褐色的樹枝上，

你應尋找藍唇蝙蝠魚所在的雪山之底。

當海盜的42箱寶物重現天日，

願你如大力士，

因為水之惡魔已經上路。

如果不留意聽，很難發現行空已經更動羊皮卷上的文字。

“這就是你們得到的信息？”大肚男虎著眼問。

兩大四小同時點頭。

金髮男立刻嗤之以鼻，因為還不如他們的藏寶圖來得清晰，這他媽的特像在猜謎語。

“你們的藏寶圖在哪裡？拿出來瞧瞧！”叮叮說。

此時的八字眉男反倒狐假虎威，他惡聲惡氣地答：“小孩子懂什麼？滾一邊去！”

叮叮倒不畏怯，反問他們找到寶藏了沒？如果沒有，多一個人給意見不挺好的？也許因此找到金山銀山也說不定。

那四人互換眼色後，大肚男開口了，他表示看可以，但別胡亂給意見，否則他的刀子可不長眼。

話一答完，他把一張牛皮卷從腰後掏出，攤在地上，眾人隨即靠了過去。

第54章・談笑風生

這張藏寶圖從外觀上看挺像一回事的，譬如牛皮卷很陳舊，上面的墨水顏色已經淡去，明顯有些年頭等。

“這上面又是山，又是河，還有亂七八糟的符號，你們怎麼知道寶藏在哪裡？”叮叮問。

“這哪！”大肚男指著一個X符號，“北上南下，寶藏分明就藏在瀑布後的山體內，可惜沒有更多信息，害我們只能一路挖過來，結果什麼都沒有，正想放棄時，一隻老鷹繞過瀑布而來，最後消失在洞口下方。我們猜想也許底下有什麼，這才發現了這個洞穴，可是裡面依然沒有寶藏。”

叮叮又觀察一會兒後，把牛皮卷倒轉180度，問：“現在發現什麼了嗎？”

那四人全盯著圖瞧，好半天說不出話來，因為圖上的山變成了草，草變成了山，原來的瀑布現在看起來成了四不像。

“我有個疑問，”方臉大叔開口了，“你們怎麼就認定X代表寶藏所在地？圖上還有其他符號，好比星形和十字形。”

肌肉男答這很容易理解，因為只有X是用紅色墨水標註，其他都是藍黑色。

聽他這麼一答，馬力湊前一看，接著興奮異常地喊著：“哈！那是番茄醬，絕對是的，不信你們擦擦看。”

大肚男一把推開眾人，然後在X符號的位置上吐口水，接著用力一擦，果然擦掉了。

“操！一定是那孫子吃東西時不小心給滴下的。”他罵道。

不用說，那孫子指的正是被他送上西天的倒霉老闆。

“現在怎麼辦？”金髮男看著同夥，“這圖既分不清東西南北，也不知寶藏用的是什麼符號標註，這要如何找起？”

“我有不同的見解，”行空一開口，18隻眼睛齊刷刷對準他，“可可島上的河流是固定的，只要與圖吻合上，馬上就能確定東西南北，至於寶藏用什麼符號標註……這不重要，因為圖是假的。”

此話一出，震驚所有人。

“他奶奶的，”大肚男把行空按在地上，“你今天沒解釋清楚，我讓你活不過今晚。”

還沒等方臉大叔和悲傷阿姨開口阻止，雙胞胎姐妹已經跳到大肚男身上，接著一陣猛打。

趁著大肚男起身反擊，馬力趕緊將行空扶起。

“夠了，”肌肉男從後抱住大肚男，“跟孩子較什麼勁？”

“沒錯，有話好好說，何必對孩子動粗？太殘忍了。”悲傷阿姨邊說邊幫行空整理儀容，看起來既心疼又生氣。

“可以，我好好說話，”大肚男掙脫肌肉男，然後指著行空，“你他媽的給我說清楚，這圖怎麼就假了？”

“因為上面的墨水是藍黑色，這是現代工藝，以前的技術只能做成黑褐色或紫黑色，又叫鐵膽墨水。”

聽完，大肚男不停地來回走動，像隻無頭蒼蠅似的。

“完了，到頭來什麼都沒有。”八字眉男仰天長嘆 。

“怎麼會沒有？”金髮男轉向方臉大叔，“你們不是另外有張藏寶圖嗎？快點兒交出來！”

方臉大叔回答沒有這麼一張圖，有的只是記在腦海裡的文字敍述，方才已經唸給他們聽了。

“我不信！”大肚男掏出刀子在方臉大叔面前比劃，“回答我，藏寶圖是不是在那對像野人的男女身上？”

悲傷阿姨立即答是，還問那對男女的行蹤 。

“他們往駝峰去了，”肌肉男答，“當時我們故意給了相反的方向，從時間上看，應該已經快抵達了。”

方臉大叔緊接著問那是多久以前的事？得到的答案是五、六天前。

“這島不大，大概兩天就能環島一周，即使走錯了，也用不到五、六天。”馬力說。

“可是你父母的身後各背著一個大背包，走起路來很吃力的樣子，”肌肉男接著指向行空，“怕能裝下那個四眼田雞。”

“喂！”大肚男突然對他的同夥喊話，“幹嘛跟這群人廢話？我們要找的是藏寶圖，沒空理死人。”

八字眉男問他是不是又想殺人？

大肚男答沒錯，不過這次他不想動刀，怕血濺得到處都是，就讓這群人待在這個只有一個出口的洞穴裡，早晚餓死他們。

“那我們呢？”金髮男問。

“我們就沿著繩子往上爬，走出通道再往駝峰去。”大肚男答。

等他們一一上了繩子後，沒多久慘叫聲便傳來。

四個孩子衝向洞口，發現底下的水面上浮著一根繩子和四顆人頭，正載浮載沉著。

難道這條繩子承受不了四個成年男子的重量？

馬力轉過頭去，發現後方的方臉大叔和悲傷阿姨正一邊喝茶一邊談笑風生，好不快活！

第55章•駝峰

馬力一行人沿著繩子往上爬，打算走出通道再往駝峰去，結果兩天前的泥石流依舊堆在明洞口，應該是後來有了鬆動，所以靠近頂部的地方留出一個約海口碗大小的空隙，光線就是從那裡透進來的。

叮叮三、兩下就爬上石礫堆，接著用力扒，雖然掉下來一些石塊，但也僅此而已。

“這已是最大了。”叮叮氣餒地說。

“沒事，妳下來，我們另想辦法。”悲傷阿姨安慰她。

哪知下一秒叮叮便把頭伸出去，她的四肢因此懸在半空中，完了，她的頭卡住了。

“叮叮，別怕，爸來救妳了！”

沒等方臉大叔爬上去，叮叮靠著自己的力量，先是肩膀，接著上肢，當下肢也出去時，眾人鼓起掌來。

“太好了！”方臉大叔喊，接著面向底下的家人，“你們一個個模仿叮叮，看能不能出去。”

第一個嘗試的是咚咚，她也出去了，然後依序是馬力、行空和悲傷阿姨。

現在只剩方臉大叔了，這個比較有難度，因為他的頭比較大。

“爸，你轉一下頭，像螺絲一樣。”叮叮說。

方臉大叔試了一下，很快便喊疼。

悲傷阿姨靈機一動，從包裡拿出一件T恤圍在洞口。有了柔軟的布料保護，這次順利多了，當方臉大叔的頭整個露出來時，大家無不欣喜。

“爸，你先一個肩膀出來……對，接著試另一個……太好了……屁股用力點兒……耶！完美。”

隨著叮叮的歡呼聲傳來，代表他們一行人全出洞了。

等方臉大叔一站好，他拍拍身上的灰塵，說：“現在讓我們瞧一瞧哪座才是駝峰。”

第56章•打獵

“駝峰”指的是駱駝背上的肉峰，如果拿來當地標，想必是形似駝峰的山峰，於是他們極目眺望，果然看到一座突起的山峰。

“等等，如果這麼容易就找到，我父母……我的意思是可能是我父母的男女，他們何需問路？”

方臉大叔承認馬力說的有理，還是再多觀察一下吧！結果這麼一觀察，發現形似駝峰的山峰可不止一座，甚至還分單駝峰和雙駝峰，到底哪個才是？

“我另外還有個疑問，”馬力又說，“既然我們無法分辨，那群壞人又是如何給出‘正確’的相反方向？”

這倒蹊蹺！

“我知道！”叮叮舉手，“如果駝峰是個山名，那麼可可島的地圖上肯定標註了，這可以解釋為什麼那四人會知道哪座才是真駝峰。”

叮叮的回答無疑解開疑惑，可是他們沒攜帶電子產品（就算帶了也沒用，這個小島根本沒被WiFi覆蓋），甚至連張紙質地圖也無，這如何是好？

“爸，羅盤能使用嗎？”行空忽然問。

“讓我看看哈！”方臉大叔掏出羅盤，低頭一瞧，“不行，指針還是轉個不停。”

悲傷阿姨看了看天色後表示既然如此，那麼趁天黑前打獵吧！好久沒吃肉，挺想的……

“打獵？”孩子們齊問。

“何必大驚小怪？”悲傷阿姨轉身面向自己的老公，“你教孩子們製作彈弓，我負責劈材升火，咱們各司其職。”

第57章•彈弓

方臉大叔要孩子們去找Y形木叉，這個不難找，因為四周有很多大大小小的植物。

當孩子們在找木叉時，方臉大叔也沒閒著，他正在翻找垃圾（可可島雖然禁止遊客進入，但阻止不了一些冒險份子偷偷上岸，生活垃圾也因此產生）。

“找到了！”方臉大叔喜形於色，“有了繃帶和皮帶，馬上就能製作。”

他首先在距離木叉交叉點的上方一釐米處的兩端各纏繞一條繃帶，等兩邊都綁好後再從皮帶上切割一小塊當皮兜，不到十分鐘，一把粗糙的彈弓便製作完成。

孩子們興奮極了，立刻依樣畫葫蘆，很快四把形狀各異的彈弓便做好了。

“有了彈弓，還缺子彈。”馬力說。

“地上的石頭都是子彈，要多少有多少。”方臉大叔答。

孩子們歡呼一聲，立刻去撿小石子，當口袋都裝滿時，方臉大叔要他們帶著“武器”去打獵，打到的獵物便是今晚的晚餐。

馬力有些膽怯，打猛獸是不可能的（跑都來不及），他不知道還有哪些“不危險”的動物可以捕捉，心裡七上八下的。

“走吧！”行空拉一拉馬力的衣袖，“我的兩個姐姐都進樹林裡了，我們也跟上。”

“好吧！”馬力無力地答。

第58章·白毒傘

進入樹林後，他們各自散開。

馬力首先看到一隻山雞，想著自己好久沒吃雞，聽說野生雞的肌肉更結實，吃這個正好。哪知彈弓沒瞄準，反而驚動它，那隻雞拍拍翅膀飛走了。

錯過第一隻獵物，馬力把過錯歸為經驗不足（誰第一次打彈弓會打得好？），然而接下來不論何種動物，他的彈弓都不給力，不是沒射中就是殺傷力太小，結果他連一隻老鼠也沒抓著。

"算了，我採點兒菌類回去吧！總得有東西交差，否則太丟臉了。"馬力心想。

遠遠的，馬力看到炊煙裊裊，想必叮叮、咚咚、行空都已經回去了，他不禁加快腳步。

“馬力，你終於回來了。”叮叮喊著，“再不回來，我們就要敲鑼打鼓找你去了。”

馬力根本懶理叮叮的揶揄，注意力全放在烤架上的雞，他懷疑那是被他“放走”的獵物，於是問：“這隻雞是誰的戰利品？”

“我的。”叮叮驕傲地答，“咚咚抓到老鼠，行空抓到牛娃，你呢？你抓到什麼？”

馬力其實什麼也沒抓到，但仍假裝鎮定地從口袋裡抓出好幾朵小白傘，說：“有葷有素才營養，我給你們加餐哪！”

“快扔掉！”行空忽然大喊。

這個小個子男孩很少如此驚慌，馬力嚇得趕緊扔掉手中物。

“現在去洗手！”行空命令著。

馬力開始感到不爽，好歹自己比他年長，怎麼使喚起自己來？

“吃完東西我再洗。”馬力說。

“那就太晚了。”行空推一推他的黑框眼鏡，“你扔掉的是含有巨毒的白毒傘，致死率高達95%。”

馬力知道顏色鮮豔的菌類往往有毒，可是自己採的明明是可食用的大白口蘑呀！

行空解釋這兩種在外形上還是有所不同，簡單地說，白毒傘比較纖細，大白口蘑比較粗壯。

“或許吧！可是這明明是白色的，一點兒也不鮮豔。”馬力仍嘴硬。

“這好比不是每條毒蛇的頭部都呈三角形，雨傘節就是一種頭部呈橢圓形的毒蛇。”

行空解釋得頭頭是道，讓人很難反駁。至此，馬力不得不服軟，乖乖洗手去。

等他回來，雞、鼠、蛙都烤好了，加上熱騰騰的茶水，兩大四小吃得眉開眼笑，很是滿足！

第59章•垃圾食品

次日，方臉大叔的羅盤仍罷工，幸運的是叮叮去取水時意外撿到一張紙質地圖，應該是以前來島上的人所遺留下來的。

“快！我看看。”說完，方臉大叔把圖接過去，然後攤在一塊比較平整的岩石上。

顯然這是一張破地圖，有1/3已經不見蹤影，剩下的2/3上還有各種醬料的痕跡（也許曾被拿來當作桌墊使用）。

“在這，”方臉大叔指著地圖一角，“Mt. Camel.”

“這樣看來，駝峰位於可可島的西北角，也就是……”悲傷阿姨開始尋找太陽的位置，然後手指一個方向，“就是它！那座高高聳立的山頭便是。”

“請問……”馬力一開口，十隻眼睛齊刷刷對準他，“請問我父母……呃！我指可能是我父母的男女，他們為什麼要往駝峰去？”

叮叮答也許駝峰裡埋著寶藏。

“那……那……為什麼他們要背著一個大背包？”馬力終於把一直想問的問題問出口。

“也許裡面藏著人。”叮叮又答。

這個答案太驚悚，嚇得馬力張大了嘴。

“你別放在心上，叮叮是胡亂猜的。”方臉大叔對馬力說。

結果叮叮立刻跳出來反對，她表示自己是合理猜測，依據的理由是那四個壞人之一曾說背包可以塞下行空，這就對上了。

“對上？對上什麼了？”馬力問。

“身高，啟塔星人的身高普遍在一米四，如果受傷了，整個人會萎縮至一米二左右，這是行空的身高。”

“你的意思是啟塔星人受傷了？”

“還是合理猜測，”叮叮笑得很勉強，“否則就對不上了。”

想到自己的父母平常很少運動，雖然談不上虛弱，但離健壯也還有一段距離，卻要各自背著一個至少一米二的外星人爬上爬下……等等，不對呀！既然“綁匪”受傷了，這是逃脫的好機會，怎麼反其道而行？

悲傷阿姨說這些疑問還是留著等找到人再說，屆時就什麼都清楚了，如果繼續深挖下去，也不會有任何結果。

說的也是！

“媽，我餓了。”行空說。

“我給你們下碗麵吃吧！”悲傷阿姨答。

馬力問哪來的麵條？方臉大叔說昨天他翻垃圾時找到的，一整包的掛麵，沒開封過。

這真是難以言喻，他們竟然吃起“垃圾”食品了。

“馬力，你不介意吧？！”方臉大叔追問一句。

“當然不介意，這總比沒東西吃或只能吃乾糧要好太多了，不是嗎？”他答。

第60章•食人花

用昨晚的雞骨頭熬湯下麵吃，到現在還口齒留香呢！

“媽，今早的麵條很好吃。”行空邊走邊說。

“是嗎？可惜掛麵吃完了。”悲傷阿姨答。

“也許我們沿路看看還有沒有‘垃圾’食品可撿。”馬力說。

沒想到這無意間開的玩笑，葛家人卻當真了，前進的腳步因此放緩許多。

“有半包薯片耶！可惜發霉了。”

“這橙汁的顏色變了，喝下去鐵定鬧肚子。”

“哇！法棍硬得像石頭，都可以拿來當武器。”

“誰吃的泡麵？現在看起來像嘔吐物，噁心死了！”

……

按照這個速度，天黑前也抵達不了駝峰，遑論爬山。

當馬力正想提醒大家走快點兒時，離他們約有二十米遠的咚咚突然喊著：“這朵花好大、好奇特！都可以吞下我的一隻手臂。”

話一說完，她把手伸進去，哪知橙紅色的花瓣迅速闔上，吞下半個咚咚，只剩雙腿懸在半空中。

“救命啊！”她喊著，聲音是發顫的。

大夥兒趕緊飛奔過去，一股腐爛的味道隨即撲鼻而來，不會吧？！這麼快就……

他們齊心協力將咚咚拉出來，她的上半身已被一團粘液包裹住，看起來很狼狽。

“這花也太大了，直徑起碼一米半，看著也重。”馬力說。

“這是食人花。”行空推一推他的黑框眼鏡，“它是一種食肉性植物，相傳至少要吞食十條鮮活的生命才會產生腐爛的氣味。如果傳說屬實，眼前的這朵至少已經讓十隻路過的飛禽走獸喪命。”

馬力不禁咋舌，這可真是名副其實的“美麗”陷阱呀！

“看來咚咚差點兒成了第11個，”方臉大叔帶笑說，“走吧！總得找個水源讓咚咚清洗一下。”

臨走前，行空摘下食人花旁的一枚綠色果實，馬力問他為什麼這麼做？

“聽說食人花結的果實包治百病，所以我打算帶回家研究研究。”行空答。

馬力心想這個男孩可真是世間極品，時時不忘探索奧祕，換作自己，能躲多遠是多遠，他才不會為此浪費生命呢！

“喂！你們兩個在幹嘛？還不快走！”叮叮喊著。

馬力和行空立即跟上。

第61章• B計劃

馬力一行人總算在天黑之前抵達駝峰下。

草草吃過晚飯後，方臉大叔要大家都早點兒休息，明天天一亮就上山，爭取在最短的時間內趕上馬力的父母……

“如果那對男女不是馬力的父母呢？”叮叮問。

“一定是的，要懷有希望才會產生動力。”方臉大叔停頓了一下，“如果真不是，還有B計劃。”

馬力趕緊問B計劃是什麼？

“B計劃就是到時候再煩惱。”方臉大叔答。

馬力好希望永遠用不著B計劃，因為他不想再煩惱父母的行蹤（他已經為此煩惱兩年多了）。

躺下後沒多久，馬力的"室友"開始唸唸有詞，仔細一聽，說的是："他們一定是馬力的父母……他們一定是馬力的父母……他們一定是馬力的父母……"

"我也希望他們是我的父母。"馬力答。

結果行空繼續重複說過的話，馬力感覺事有蹊蹺，遂爬起查看，原來那小子正說著夢話。

"為了不成為地球人，葛家人的壓力不亞於我呀！"馬力心想。

第62章·自掘墳墓

駝峰雖然高，但不難爬，可喜的是沿途還能發現許多生活過的痕跡，而且看似都是新近留下的，代表“前人”走沒多遠，這是個好徵兆，可是……

“馬力，你怎麼頻頻往後看？”走在他身後的行空問。

“我感覺後面有人。”

馬力這麼一答，所有人都停下腳步往後看，可是除了風聲和鳥鳴外，沒有其他聲音。

“你太敏感了！”悲傷阿姨說，“我走在隊伍的最後面，沒聽到任何不尋常的聲音。”

馬力指的不是聲音，而是味道，他聞到其他人的味道了。

方臉大叔說那是由於他太想念自己父母的緣故。

“不是這樣的，我……哎！算了，不說了。”

馬力本來想解釋這味道不是來自他父母，但說這個有誰會懂？索性就不解釋了。

前進的腳步繼續著，當太陽爬到頭頂上時，馬力的精神為之一振，因為他聞到父母身上的味道了。

“快！我有預感我們就快趕上我父母了。”馬力興奮地說道。

“我不行了！”叮叮席地而坐，“又飢又渴又累，再走下去我就掛了。”

叮叮一坐下，咚咚和行空也跟著坐下。

雖然為了父母，馬力可以把飢渴和勞累擺一邊，但他不能自私地要求葛家人跟著他一起受苦。

“我們都休息一下吧！等吃飽喝足後才有力氣趕路，”方臉大叔面對馬力，“你說是嗎？”

馬力只能無奈地點點頭。

等餅烤好、茶泡好，正要大快朵頤時，四個男人忽然跳出來控制住他們。

“有好吃好喝的，怎麼不叫我們一聲？”大肚男陰陽怪氣地問。

叮叮反問他們怎麼沒淹死？

“哈！因為死神休假了，所以饒我們不死。”金髮男樂呵呵地答。

聽到這個回答，行空大嘆一口氣，結果八字眉男立即甩過來一巴掌，責問他為什麼嘆氣 ？

換作從前，叮叮和咚咚早護著自己的弟弟，可惜現在被五花大綁，動彈不得。

“兄弟們，快坐下來吃喝，可別客氣哈！”大肚男像個男主人似地喊著。

馬力一行人只能看著這群強盜吃著本該屬於自己的餅、喝著本該屬於自己的茶，然後大嚥口水。

等四個男人都吃喝完畢，他們開始大聲嚷著要藏寶圖。

“不是說了嗎？”叮叮翻了翻白眼，“藏寶圖在馬力父母身上，我們也在找他們。”

“馬力父母......”大肚男轉動著眼珠子，“我倒有個主意，父母都心疼孩子，只要抓住這個叫馬力的孩子就行，其他人可以不要。”

方臉大叔問“不要”是什麼意思？

大肚男緊接著使了個眼色，其他三個男人立即將葛家人鬆綁，然後命令他們徒手挖自己的墳墓。

“不~”馬力慘叫，同時淚如雨下。

當方臉大叔、悲傷阿姨、叮叮、咚咚和行空都被推入坑裡掩埋時，馬力的憤怒已經達到最高點。

“我恨你們！”他咬牙切齒地說。

“等你也被咔擦掉再恨我們也不遲。”八字眉男得意洋洋地答。

本來馬力還對經常受欺負的八字眉男心生同情，現在他反倒覺得自己傻，可憐之人必有可恨之處，這個人的心腸不會比其他三人軟，也許更狠也說不定。

“走！”金髮男推馬力一把，“最好趁天黑前找到你父母，否則夜裡的蚊蟲夠你受的。”

第63章•家人

四個男人押著馬力上山，他們可不管這個孩子有沒有肚餓？體力能不能跟上？

“我……我不行了。”馬力氣喘吁吁地說。

“你行也得走，不行也得走。”八字眉男不假辭色地答。

馬力勉強又走了一段，最後哀求能否背他一程？

“行啊！我們四個人，你挑哪個背你？”大肚男插著腰問，顯得肚子更大。

這個大肚男是個狠角色，馬力斷不可能選他，於是大手一揮，指向“看起來”比較面善的金髮男。

“你確定要？”金髮男問完，掰一掰自己的手指，發出卡卡卡的聲音。

馬力趕緊收回伸出去的手，轉而指向肌肉男，後者的喉嚨隨即發出“咳-噗”的聲音，接著吐出一泡濃痰，馬力嚇得把手藏在身後。

等他膽怯地望向八字眉男時，那個男人一個迴旋踢，大樹立即少了一根樹枝。

“我……我還是自己走吧！”馬力嚅嚅地答。

“你還算識實務，不是有句話叫‘識時務者為林俊杰’嗎？哈哈！”大肚男笑著說。

馬力很想告訴他“林俊傑”是個歌手，正確地說是“識時務者為俊傑”，但說這個已經沒什麼用，改變不了他又得空腹爬山的事實。

“你如果不想爬，其實還有別的辦法。”金髮男說。

馬力一聽，眼前為之一亮，趕緊問什麼辦法？

“你讓你父母現在就現身，我們一拿到藏寶圖，立即放你自由。”

這個回答跟沒回答差不多，因為馬力也在找他的父母。

“我看我們還是繼續爬吧！”馬力無奈地說。

又走了一個多鐘頭後，馬力忽然內急，為了證明自己所言不假，他連放三個響屁，臭氣沖天。

那四人趕緊剪刀石頭布，結果八字眉男輸了，他獲得帶馬力去“製糞”的殊榮。

來到樹林後，那個倒霉的男人要馬力找遠一點兒的地方“解放”，同時歌不能停，好讓他知道人沒跑掉。

“你要我一邊上大號一邊唱歌？”馬力很驚訝地問。

“怎麼，你有意見嗎？”

“沒......沒意見。”

“沒意見還不快滾？！”

然後馬力邊跑邊唱《兩隻老虎》，這是他為數不多，能從頭唱到尾的歌曲之一。

等到跑得足夠遠（同時保證八字眉男能聽到他的歌聲），他開始四處尋找，因為父母身上的味道越來越濃烈，這也是他提出內急的原因。

“馬力～”

聽到這個聲音，馬力轉過頭去，當看到一個長髮及腰的女人時，他百感交集，這可是他朝思暮想的母親？

“媽？”他不敢相信地一問。

“真的是你，”那女人向他奔來，緊緊摟住他，“我的寶貝兒子！”

真的，真的是母親！

馬力哭了又哭，似乎要把這些日子以來的思念和委屈一股腦的全宣洩出來。

等他稍微平靜下來，女人說：“看！那是誰？”

馬力一轉頭，看到一個大鬍子男人，如果不是清亮的眼睛還在，他肯定認不出這是兩年多未見的父親。

“爸！”馬力喊著，然後投入他的懷抱。

男人摸摸馬力的頭，又摸摸馬力的臉頰，似乎不敢相信這夢一般的現實。

“為什麼……”他們三人同時問。

兩個大人很有默契地讓馬力先問。

“為什麼你倆會在這裡？”他問。

馬力的父親告訴他：“飛行器故障，兩個飛行員也受傷了，經過友好協商，由我和你媽協助尋找黃金，一旦完成任務，啟塔星人保證永遠不會再回到地球。”

“原來如此！”馬力喃喃道。

“你呢？為什麼在這裡？”他的母親問。

“因為……”

馬力話還沒答完，一個可怕的聲音響起。

“因為他騙了我們才得以逃到這裡，”大肚男挺著肚子出現，“不過幸虧有這麼一齣，否則也不會把你倆給引出來。”

馬爸爸表情嚴肅地問來者是誰？

“別管我們是誰，趕緊把藏寶圖交出來！”肌肉男惡聲惡氣地說。

“什麼藏寶圖？”馬媽媽接著問。

“好呀！跟我們玩失憶？”大肚男拿出小刀，“我看你們是不見棺材不掉淚。”

就在這時候，一張白色大網從天而降，恰好蓋住那四人。

馬力喜不自勝，因為樹上站著的正是他以為早已沒命的葛家人。

“方臉大叔……悲傷阿姨……叮叮……咚咚……行空……太好了，都在。”馬力高興地喊著。

“他們是誰？”馬媽媽問。

“他們是……我的家人。”馬力驕傲地答。

第64章•話說從頭

想搞清楚所有事，首先得進行一段談話，於是他們將四名歹徒分別掛在一百米遠的樹上（防止他們偷聽），然後坐下來邊喝悲傷阿姨泡好的茶邊“敍舊”。

“原來自從我們走了之後，一直是你們在照顧小兒，實在萬分感謝！”馬媽媽說。

“別把我們想得太偉大，其實我們是有所求的。”悲傷阿姨望了一眼方臉大叔後，接著說，“自從馬爾星爆炸後，我們在星際間流浪了一段時間，最後選擇祖先曾經待過的地球，但我們並不想成為地球人，所以希望妳老公能幫我們尋找另一個類似的星球，畢竟我們原本居住的¥#%@星就是他發現的，並且以他原有的舊名來命名，從而有了馬爾星。”

馬力的父母聽完，一臉訝異，大概沒想到眼前一家竟然是外星人，而且對他們的個人信息所知甚詳。

冷靜過後，方臉大叔表示沒問題，如果這次能成功送走啟塔星人，他答應會盡力幫他們圓夢。

聽到這個回答，葛家人全流露欣慰的表情，除了叮叮。

“你說送走啟塔星人是怎麼回事？還有，我明明看到飛行器降落在古巴，怎麼你們反倒出現在可可島？”她問。

馬爸爸表示要回答這個問題得從頭說起，這可是個長故事。

大家嚷著想聽，於是他清清喉嚨，接著話說從頭：

我工作的機構很早就預測到馬爾星會爆炸，為了阻止爆炸後產生的核輻射影響到地球的生態環境，所有科學家無不全力以赴，可惜收效甚微。某天清晨，我接到緊急通知，知道有一艘不明飛行物

正向地球飛來。離家前我告訴太太送馬力上學後趕緊跟我會合，因為很可能會利用到她的專業知識，結果這麼一會回，我們雙雙被啟塔星人綁架。至於為什麼綁架我倆？我猜是我們所學的剛好符合他們的需求——尋找黃金。在這裡科普一下，黃金是絕佳的導電體及紅外線能量的反射物，拿黃金製作面板還可以保護飛行器不受大氣層的侵害。換言之，黃金對啟塔星人來說無比珍貴，難怪他們汲汲營營於此。

“這麼說在亞馬遜雨林試圖解救地球以及掠奪黃金國的所有黃金，皆你們所為？”方臉大叔問。

“正確地說是啟塔星人所為，因為地球人的能力尚達不到那個水平，我和妻子的角色勉強只能算是協助者。老實說，我們曾試圖告訴馬力和其他人有關自己和啟塔星人的行蹤，但自從意識到惟有聽命行事，自己才能保命，同時最大程度地保護地球時，我們轉為配合。這可以解釋為什麼後來我們不逃跑、不聲張，反而去幫助啟塔星人，畢竟失去黃金事小，保護地球事大。”

悲傷阿姨接著問啟塔星人和飛行器的行蹤。

"飛行器故障後，被迫降落在古巴，但古巴的黃金量極少，於是我們背著已經受傷的啟塔星人來到據說埋藏了大量黃金的可可島。為什麼背著受傷的人？一方面他們能起到引路的作用，另一方面我們也要藉助他們的超能力來解決很多問題，雖然這個超能力已經越來越不給力了。"

果然背包裡藏著人，叮叮沒猜錯。

"爸，媽，你們的背包呢？"馬力問。

他的父親指向一棵粗壯的大樹，答："背包就放在樹後。"

方臉大叔提議去看看，於是眾人起身。

第65章•神奇的果實

兩個背包裡分別藏著一個小灰人，也許因為受傷的緣故，他們看起來像洩了氣的皮囊 。

“人走了，也許對我們懷有戒心吧？！”方臉大叔說。

“人走了？誰呀！”馬力問。

“啟塔星人，現在看到的其實是他們的衣服，因為衣服破了，導致很多超能力都無法施展開來。”

馬力一家人感到迷惑，如果留下的是衣服，人哪裡去了？他們還會回來嗎？

結果行空很快便說他們回來了，正向這裡靠近 。

馬力左顧右盼，什麼也沒看見。當他把目光拉回來時，發現葛家人全呆若木雞。

“爸，媽，他們怎麼了？”馬力問。

“也許他們正在做意識交流，”他的父親答，“聽說高維度的人能做此類溝通。”

馬力記起方臉大叔和悲傷阿姨曾與地心人做過意識交流，根據行空當時的介紹，那是因為他父母的腦子裡都安裝了交流器之故。眼下叮叮、咚咚和行空似乎也做起交流，他們是何時安裝交流器的？馬力一無所知，看來他對這家人還有不熟悉之處。

當那五人的臉上開始出現表情時，代表意識交流完畢。

“啟塔星人說寶藏就藏在山的另一邊，讓我們去找。如果我們把找到的黃金全數上繳，他們保證五千年內不會重返地球；如果不繳，啟塔星上的勇士們隨時會傾巢而出，到時候地球就危險了。”方臉大叔代為傳達。

“五千年？”馬媽媽喊起來，“他們跟我們說的可沒這一項。”

馬力的父親有不同的看法，他認為有個期限反倒好，聽起來靠譜些。

“就算我們找到黃金，又把黃金交給他們，難道他們的飛行器就能修好，同時身體也恢復到可以駕駛飛行器離開地球的程度？”馬力問。

方臉大叔表示有了黃金，修復飛行器不成問題，至於受傷的身體……行空說他有一枚神奇的果實，也許可以試試。

馬力立即問行空：“你說的該不會是食人花結的果實吧？！”

“反正現在只能死馬當活馬醫，一切都看他們的造化了。”他答。

第66章•繼續攻頂

行空把果實一掰為二，分別投入兩個啟塔星人的嘴裡。過了一會兒，他們的大頭（無一根毛髮）開始發出紅光，看起來就像裡面藏著一個紅色電燈泡。

“他們是不是發燒了？”馬力問。

此話一出，叮叮和咚咚笑得前仰後合。

“笑什麼？”馬力怒目相視，“妳倆就不能正經點兒嗎？”

“我們笑你的想像力太豐富，你怎麼不說他們在充電？”叮叮說。

因為這個回答，馬力問行空：“啟塔星人真的在充電嗎？”

“不清楚，”行空推一推他的黑框眼鏡，“不過看樣子他們的狀態並沒有變差，這是個好現象。”

馬力的父親說既然這樣，就留敵塔星人在此休息，倒是那四個掛在樹上的人該怎麼辦？

這個問題瞬間難倒大家，可怕的沉默蔓延開來。

過了好一會兒，馬媽媽有了主意，她建議通知島上的護衛隊來抓偷渡者，當然，如何通知又不讓自己被發現又是另一個問題。

眾人都覺得可行，於是一起走向“偷渡者”，看看他們目前的狀態，結果......

“怎麼全跑了？”叮叮喊著，“他們是如何辦到的？”

馬力想到大肚男有把小刀，很可能他利用小刀切開綁在身上的繩索，再解救同夥。

叮叮提議去追，方臉大叔反倒看得開，他說跑了就跑了，省得通知人來抓......

這四人的逃逸倒提醒馬力當初葛家人是如何從坑裡逃脫出來的？

叮叮答這不難，因為落在身上的沙土並不嚴密，掙扎一下就出來了，可見那四人並沒有活埋人的經驗，所以不知道起碼得在上面踩一踩，將空氣給擠壓出來……

“那張網又是怎麼回事？”馬力又問，“它看起來很像一張捕魚網。”

“說來很不可思議——它就掛在樹上。”行空推一推他的黑框眼鏡，“我猜它是被龍捲風給捲上去的，拿來捕捉壞人不正好？”

這未免也太湊巧了？！

此時的悲傷阿姨抬頭看一看天色，接著表示時間不早了，如果加緊腳步，也許天黑前能抵達山頂。

“那走吧！”方臉大叔說。

第67章•失落

原本上山的隊伍只有一支，依序為方臉大叔、叮叮、咚咚、馬力、行空，最後才是悲傷阿姨。現在馬力的父母加入，一支隊伍很自然地變成兩支，馬力回歸到自己父母那一邊。

“現在報數！”方臉大叔喊，“一、”

“二、”悲傷阿姨喊。

“三、”叮叮喊。

“四、”咚咚喊。

“……五、”行空喊。

當行空喊完，代表點名完畢。

“太好了，都在。”方臉大叔精神奕奕，“現在出發吧！”

老實說，馬力忽然有了失落感，覺得自己被無情地拋下……

“爸，媽，我們也來點名吧！”馬力說。

“傻孩子，”母親摸摸他的頭，“我們就三個人，點什麼名？不過倒是可以借鑑葛家人的行進方式。”

於是馬爸爸走在最前面，馬力居中，馬媽媽殿後。

馬家人也出發了！

第68章•兩個女人的戰爭

本來馬力對“龍捲風吹來捕魚網”一說嗤之以鼻，但沿途的景象似乎越來越支持行空的猜測，譬如樹上掛著大型的魚骨頭（想必魚肉後來被其他動物給啃食了），樹底下還有好多貌似來自大海的“禮物”，像是海帶、海藻以及許許多多已經死亡的貝類所遺留下來的空貝殼。

“看來這龍捲風的確是從海上吹過來的。”馬力的父親說。

“還好我們沒遇上。”馬力的母親補上一句。

馬力心想如果行空在場，他一定會科普龍捲風是如何形成的，也許馬力還會問一些可笑的問題，把叮叮和咚咚兩姐妹給逗樂了……

“馬力，你怎麼不說話？”他的母親問，“是不是覺得這個話題很無聊？”

“不是的，我只是在想葛家人現在在談論什麼？”他答。

馬力的父親問他是不是想回到原來的隊伍裡 ？

“不，不是的，”他趕緊否認，“能跟爸媽在一起是世上最幸福的事。”

當天色完全暗下來時，兩個家庭終於登頂，滿天的星斗像無數顆鑽石，忽明忽滅，好不美麗，眾人紛紛發出讚歎聲。

“在那！”叮叮忽然指著一個方向，“我們原本居住的¥#%@星就在那個位置上，可惜爆炸了。”

她一說完，葛家人全陷入悲傷的情緒之中，哪知……

“我餓了。”馬力的母親一開口，14隻眼睛齊刷刷對準她，“難道你們不餓？”

其實大家又飢又渴，但想到只能吃乾糧，瞬間又沒了食慾。

“我不想吃乾糧。”叮叮首先表態。

“還有別種選擇，不一定得吃乾糧。”馬媽媽說完，從褲兜裡拿出好幾粒膠囊。

馬力記起地心人也曾讓他們服用膠囊，肚子一下子就不餓了。

“媽，難道妳也認識地心人？”馬力問。

“什麼地心人？”

“如果不認識，妳哪來的膠囊？”

他的母親表示膠囊是啟塔星人給的，服用一粒可以好幾天都不吃不喝。

“妳的意思是這玩意兒同時還治口渴？”方臉大叔問。

得到肯定的答覆後，大夥兒紛紛咋舌，啟塔星人也太先進了。

“馬爾星人沒有膠囊嗎？”馬媽媽問。

得到否定的答案後，她喃喃道：“原來馬爾星人這麼落後。”

此話一出，捅了馬蜂窩（至少捅了悲傷阿姨的馬蜂窩），兩個女人開始吵起嘴來，最後被各自的男人拉開。

因為這一齣，兩個家庭自動分開來，中間隔了至少一百米遠。

“他們好像打算不吃不喝，直接睡覺。”馬力對自己的父母說。

自從馬家人服用膠囊之後，既不餓也不渴，但葛家人就不一樣了，雖然他們的背包裡有壓縮餅乾和肉乾，但附近沒有水源，光吃乾巴巴的東西很容易口渴，倒不如不吃。

馬媽媽還在氣頭上，根本不關心這家人死活，倒是馬爸爸過意不去，他拿出五粒膠囊，讓馬力帶過去給葛家人服用。

“我看明天再給吧！現在去只會被當成箭靶子，得不償失。”馬力答。

第69章·欲壑難填

經過一夜的冷靜，兩個女人於次日化干戈為玉帛。

“不好意思，昨天我嘴快，有欠周到之處，望請原諒！”馬媽媽先低頭。

“我也有不對的地方，不說了不說了，這件事就算過去了，誰也不許再提。”悲傷阿姨也釋放出善意。

看兩個重量級人物握手言和，幾個孩子終於放下心來。

“嘿！行空，昨晚你睡哪兒？”馬力問。

“我們搭了個簡易樹屋，一家人擠一塊兒，結果我的兩個姐姐輪番壓我，害我一夜都沒睡好。”

其實馬力也好不到哪裡去，他和爸媽做了一個簡單的帳篷，由於空間小，三個人連翻身都困難。和行空的遭遇比，只會更差，不會更好。

“你餓不餓？”馬力又問。

“與飢餓相比，我渴到不行，除了昨天下午曾喝過一些茶水外，到現在滴水未進。”

聽行空這麼一答，馬力趕緊催母親給葛家人膠囊。他們五人服下後，臉上有“說不清、道不明”的複雜表情。

“哇！這感覺好奇妙，一下子不餓也不渴了。”叮叮說。

馬力也有同感，如果這膠囊能量產，一定能造福全人類，屆時世界就不會再有戰爭了……

叮叮和咚咚聽完，笑得像兩個瘋子似的。

“笑什麼？”馬力怒目相視，“妳倆就不能正經點兒嗎？”

“我們笑你太單純，照你的說法，啟塔星人顯然已經解決了飲食問題，那麼他們為什麼還和馬爾星人大戰，甚至將魔爪伸向地球？肚子可以填滿，但慾望是填不滿的。”叮叮說。

這是第一次馬力對叮叮所言心悅誠服，的確，肚子可以填滿，但慾望是填不滿的，這也是煩惱的根源所在。

“既然大家都不餓不渴了，咱們準備下山吧！”方臉大叔說。

“好咧！”眾人齊答。

第70章・銀色波光

如果把駝峰製成剖面圖，它像個梯形，頂峰是平整的，也就是說得走一段路才開始下山。

“哇！太美了，這海像藍寶石一樣晶瑩剔透。”叮叮首先喊起來。

原來另一邊能俯瞰海景，在陽光的照耀下，海天共色、碧波盪漾，除了少了一片白沙灘外，景色堪稱完美！

“如果能把那些黑色岩石換成沙灘，我們就能在海邊戲水了。”馬力說。

“這是不可能的。”行空推一推他的黑框眼鏡，“可可島乃海底火山群露出海面的一塊巨大岩層，換言之，島的四周大部分由岩石堆砌而成，不僅船隻不好停靠，上岸也難，不過這正投海盜所好。”

是呀！正因地貌奇特多變才好“藏”東西，同時也放緩尋寶人的前進步伐，海盜們可不傻！

“看！”咚咚手指右前方，“那是什麼？”

眼下的岩岸呈內凹形，一直延伸至東北角，看起來很像一把彎刀，咚咚手指的地方正是刀柄。

“不過是一堆石頭而已。”馬力答。

“你傻啊！我妹指的是海面上的銀色波光。”

聽叮叮這麼一說，馬力定眼一瞧，的確有銀色的點狀物正上下跳動著。

“我們何不過去瞧瞧？”馬爸爸說。

於是他們“兵分兩路”下山。

第71章•對上了

當他們來到山腳下時，天氣已經有了明顯的變化，原本的萬里晴空轉眼雲層密佈，太陽看著也小多了，像月亮一般大。

“怕是天氣要變壞了。”悲傷阿姨說。

“趁還沒下雨，我們走過去瞧瞧那些銀色波光吧！”馬媽媽說。

於是他們踩著高高低低、參差錯落的大小石塊往東北方向走去。

“大家都小心點兒，可別跌倒了。”方臉大叔叮嚀著。

走了約莫二十分鐘，他們順利來到彎刀的刀柄處，只是刀柄和刀刃之間約有4

米的落差。

叮叮、咚咚兩姐妹的身手最為敏捷，一下子就爬上去了，接下來輪到誰？

大家你看我，我看你，沒人有勇氣嘗試，因為這個高度說高不高，說矮也不是一蹴可幾，萬一掉下來，可怎麼辦？

忽然，一張大網毫無預警地抛了下來。

“快！你們都抓著網子上來，我們在這邊拉著。”叮叮探出頭來說。

“妳哪來的網？”馬力問。

“地上撿的，大概也是被龍捲風給捲上岸的。”

馬力想起不久前罩住四個壞人的捕魚網，當時不也猜測是被龍捲風給捲上岸的嗎？

不管真正的原因為何，有了這張網，連一向虛弱的行空也爬上去了。

等大家都站穩後，海面上除了幾條正在“飛翔”的蝠鱝外，再無其他。

“行空，你看到銀色波光了嗎？”馬力問。

“我猜所謂的銀色波光就是眼前的蝠鱝，這是視覺差所造成的。”行空推一推他的黑框眼鏡，“蝠鱝為了吃浮游物，一個個衝出海面，加上陽光的反射，看起來就像一道道的銀色波光。”

馬力的父親也有同感，畢竟當時他們站的位置離此有段距離。

看來這是個美麗的誤會，不過沒人介意，大家都靜靜地欣賞海景，享受這“偷得浮生半日閒”的快活。

“看！”叮叮忽然指著天上，“太陽被咬一口了。”

聽到這個，大夥兒全往上瞧，此時的太陽不像平常那樣光芒四射，反倒有些朦朧，它的右上角如同叮叮所言少了一塊，像被咬了一口的奶糰子。

“這是日食現象。”馬爸爸說。

“我知道日食，”馬力立刻嚷嚷起來，“不久前，行空告訴我羊皮卷藏寶圖上的文字敍述跟日食現象吻合上。”

馬力的父母問這是怎麼回事？於是他快速而簡短地述說一遍。

“如果‘當太陽與月亮對峙之時’指的是日食，接下來便是‘流動不息的水退去’，這……”

馬爸爸話一說完，大家同時注視著眼前的海水，一切如常，只是蝠鱝不再“飛”了（事實上，它們已經消失得無影無蹤）。

“看來藏寶圖上寫的和目前看到的沒對上。”馬媽媽下結論。

只一會兒的工夫，海的另一邊彷彿有股力量，頃刻間，沿岸的海水迅速被吸了過去。

“退潮了，”方臉大叔開心地說，“這下子對上了。

此時，馬力的腦筋快速運轉起來，他想到羊皮卷上“流動不息的水退去”之後便是”走在彩色的樹枝上”，於是左看右瞧，很快便眼前一亮，因為當海水退去後，底下的珊瑚礁便整個裸露出來，它們狀如樹枝且色彩斑斕，這不是藏寶圖上說的“彩色的樹枝”嗎？

當馬力把想法說出來時，悲傷阿姨很興奮地附合：“沒錯，正是這個，意思是我們要踩著它們去尋找紅唇蝙蝠魚所在的雪山之巔。”

“可是……”馬爸爸一開口，14隻眼睛齊刷刷對準他，“珊瑚的形成需要幾百年乃至上千年的時間，但只需幾分鐘就能破壞無遺。珊瑚一旦遭受破壞，不僅會造成海岸土壤的大量流失，整個海洋生態也會失衡，影響不可謂不大。”

方臉大叔說既然這樣，那麼我們別踩在珊瑚上，只需往它延伸的方向找去即可。

大家都認為這個方法可行，於是小心翼翼地踩著珊瑚與珊瑚間的空隙前進。

第72章•交易

當海水退去後，底下由珊瑚礁所形成的岸礁一覽無餘，好像一條花邊沿著海岸線蔓延開來，想在不破壞的情況下行走有很大的難度。

“我猜以前的海盜根本不管那麼多，直接踩著珊瑚前進。”叮叮說，口氣不無抱怨。

“因為我們不是海盜，所以我們不能做破壞環境的事。”馬爸爸解釋。

“可是……”叮叮一開口，14隻眼睛齊刷刷對準她，“可是我們現在不是去‘盜’海盜盜過的東西嗎？這跟海盜有什麼區別？”

馬爸爸答當然不一樣，我們是利用這批寶藏去換取“和平”，不是為了一己之利。

這個話題讓馬力聯想到每當月圓時都會送金銀珠寶來的羊駝，難道這也是一種交易？

悲傷阿姨立即表示家人間無需做交易。

馬力感到迷惑，問：“難道羊駝是你們的家人？”

此話一出，葛家人的十隻眼睛齊刷刷對準馬力，那種氣氛很詭異，彷彿當他是怪物。

“我……我也就這麼一問，不想答可以不答。”馬力嚅嚅地說。

沒想到悲傷阿姨真的就不答了，開始催促大家前進。雖然這是當下該做的，但馬力心中不免鬱鬱，因為被忽略的感覺挺不好受的。

第73章•驚喜

他們往前走了一小段，光線逐漸暗下來，原來天上的太陽只剩一道彎彎的眉毛，看樣子很快就會日全食。

“當日全食時，天空會不會整個暗下來，像黑夜降臨一樣？”馬力問行空。

“不會，只會像陰天一樣，而且這個過程很快，大約幾分鐘又成了日偏食。”

馬爸爸感到好奇，怎麼這個戴眼鏡的小男孩什麼都知道？像一部百科全書似的。

馬力很得意地說行空的確像一部百科全書，不信可以測試一下。

於是馬力的父親問行空什麼是黑洞？他果然答得頭頭是道。

“那麼宇宙中到底有多少個黑洞？還有，宇宙的起源是什麼？真的有蟲洞嗎？”馬爸爸又問。

這次方臉大叔出面阻止，他說有些信息地球人還是別知道得好，因為這會帶來災難。

“什麼災難？”馬媽媽問。

“會讓地球毀滅的災難。”

聽到這個，馬家人很有默契地不再詢問相關問題。

“看！有條死魚。”咚咚忽然說，然後彎腰拾起，接著樂呵呵地笑，“這條魚好像擦了口紅。”

聽咚咚這麼一說，他們全靠過去，發現她手中的是一條非常奇特的魚，身長約25釐米，體扁平，尾部粗短，頭大，眼大，有背鰭，從頭頂沿著背部到尾巴有一道深棕色的條紋，最特別之處在於帶螢光的紅色嘴唇和四條腿。

“這是紅唇蝙蝠魚，”行空推一推他的黑框眼鏡，“它們的游泳能力很差，所以多在海底爬行，以小蝦、小蟹和蠕蟲為捕食的對象。”

按照藏寶圖的提示，此時他們應該尋找紅唇蝙蝠魚所在的雪山之巔。現在魚有了，雪山之巔在哪裡？

於是大家開始尋找，很快便被一座淺色的小丘給吸引住，莫非這就是雪山？

等他們走近一看，哪有什麼雪？不過是被淺色藻類附體，遠遠看去，像雪覆蓋了一樣。

“這些淺色藻屬於珊瑚藻中的海燕窩，富含膠質，多用來做為食品添加劑。”行空再次科普。

原來這玩意兒還能吃！

馬力心想如果不是已經吃了啟塔星人給的膠囊（肚子不餓且不渴了），估計兩位媽媽現在會想方設法把海燕窩做成食物。

“如果這就是所謂的雪山，我們得爬上去才能抵達雪山之巔，不是嗎？”悲傷阿姨說。

方臉大叔想了一想，決定讓身手矯健的叮叮、咚咚先去探路。

兩姐妹當仁不讓，一下子就爬到最頂端。

“發現什麼了嗎？”悲傷阿姨在底下問。

“什麼都沒有。”叮叮答。

難道這不是羊皮卷藏寶圖上所提到的“雪山”？

“既然什麼都沒有，妳倆都下來吧！小心點兒。”方臉大叔喊著。

結果兩姐妹不經意之間又發現第二隻紅唇蝙蝠魚的屍體。

“等等，我們翻到另一邊瞧瞧。”叮叮說完，立刻翻了過去，咚咚也照做。

此時天又暗了許多，小丘下的六人全往上看去，發現太陽已經被月亮整個遮擋住，只留下一圈細細的光圈。

原來這就是日全食！

如同行空所說，不到幾分鐘的時間，“被隱身”的太陽就小小地露臉了。此時，咚咚出現在他們身旁。

“你們快上去，有大驚喜喔！”她興奮地說。

“好爬嗎？”馬力問。

“岩石上有很多支撐點，不難爬。對了，你們從另一邊上去會更容易些。”

當大夥兒往另一邊走去時，咚咚卻反其道而行。

“喂！妳去哪兒？”馬力問。

“我去拿網子。”咚咚答。

馬力正想問為什麼，他的母親要他趕緊跟上，於是他把到嘴邊的話吞下肚裡去。

第74章·瘋狂之舉

當他們來到小丘的另一邊，隱約能看到靠近頂部的地方有個凹陷處。等他們爬上時，赫然發現那是個洞穴。

方臉大叔第一個走進去，結果“啊”的一聲傳來。接下來的每個人無一例外都喊了一聲“啊”，當然包括馬力。

“啊！這裡怎麼到處都是紅唇蝙蝠魚......的屍體？”馬力問。

“也許小魚小蝦都湧進這個洞穴，紅唇蝙蝠魚索性就待在裡面‘甕中捉鱉’，結果海水一退潮，没被海水帶走的就成了‘乾屍’了。”行空答。

由於海水退潮之故，這個洞穴看起來像高聳在小丘之上，估計等潮水一來就只能看到洞穴的上半部（甚至整個被淹沒也說不定），所以行空的說法不是全無道理。

“叮叮，妳在哪裡？”方臉大叔問。

“在這兒。”

聲音來自頭頂，他們全往上看，發現那裡還有個洞。

“妳在那兒幹嘛？”馬力仰頭問。

“試著打開箱子，到現在才開了兩個，還有22個沒打開。”她答。

悲傷阿姨接著問要怎麼爬上去？結果叮叮要大家別上來，她把箱子遞下去就是。

於是一場接力賽就此展開，當第24個箱子被遞出來時，叮叮緊接著跳下，同時喊著累死她了。

這些箱子的確夠沉的，眾人使出渾身解數才接力完畢。

“箱子裡到底裝了什麼？”馬力氣喘吁吁地問。

“何不打開來看看？”叮叮的眼光掃射了一下，“行空腳邊那個已經開鎖了。”

那小子一聽，立即開箱，接著"哇"的一聲傳來 。

馬力雖然已經精疲力盡，但仍忍不住好奇心的驅使，這一瞧，他哇哇哇叫個不停，因為箱子裡有滿滿的金磚、金杯和各式珠寶，金幣少說也有數十枚。

" 我爸和我媽坐著的箱子裡還有更誇張的。"叮叮補上一句。

方臉大叔和悲傷阿姨坐著的箱子約有兩米長，是所有箱子中最大的。他們一聽說屁股底下有好料，立即起身，當打開箱子的那一瞬間，兩個大人倒吸一口氣。

馬力好不容易才排開眾人鑽到最前面，當看到真人大小的金聖母像時，他驚訝到說不出話來。

" 果然如同傳說所言，這批寶藏價值連城。"行空推一推他的黑框眼鏡，" 問題是我們要怎麼搬運出去？"

這真是個好問題！"雪山"雖然不高，但搬箱子下山可不容易，何況沉甸甸的箱子有24個之多。

" 拿到了！" 咚咚一進洞就高喊著，手裡拿著"似曾相識"的網子。

“快！把箱子全放進網子裡。”叮叮說。

馬力問為什麼？叮叮答如此一來，推下山的箱子起碼不會四處散開。

什麼？！把這些珍貴的寶物推下山？這太瘋狂了！馬力立即反對。

沒想到馬爸爸卻站在叮叮這一邊，理由是箱子太重，兩個人搬一箱都吃力，何況還得下山。

看在場者頻頻點頭，馬力知道大局已定，只能默認了。

第75章•神奇的雞

好不容易才把24個箱子都裝進網子裡，叮叮還在網口處打了個死結。

“接下來的問題是如何拉到洞口？”方臉大叔說。

後來大家一商議，決定由叮叮、咚咚在前面拉，其他人在後面推。

“請問……”馬力一開口，14隻眼睛齊刷刷對準他，“沒事，我們開始吧！”

馬力想問的是該怎麼對付水之惡魔？因為根據藏寶圖的提示，當海盜的24箱寶物重現天日之時，水之惡魔已經上路了。後來他轉念一想，反正已經到了這個節骨眼，還是先把24箱寶物推下山再做打算吧！於是把到嘴邊的話吞下肚裡去。

“一、二、殺……一、二、殺……一、二、殺……”他們邊喊邊齊心協力把箱子往外推 。

眼看叮叮和咚咚已經站在洞口處，只差最後一步，然而……

“準備潛水！”叮叮驚慌失措地轉身，“爸，背行空！”

他們來不及問為什麼，大水已經直衝而來，每個人瞬間浮了起來，然後隨著海水上下左右翻滾。

馬力手腳並用，又是自由式，又是狗爬式，好不容易才上到海面，可是當下一個大浪打過來時，他不幸又被捲入海裡，瞬間失去知覺……

“馬力，你還好嗎？！”

聽到聲音，馬力用力睜開眼睛，當看到母親焦急的面容時，他忍不住抱著她痛哭失聲。

“太好了，你沒事。”

聽到方臉大叔的聲音，馬力這才想起其他人，他們是否也安然無恙？

當得知不僅葛家人和馬家人都平安無事，連啟塔星人也恢復到正常的狀態時，他終於長舒一口氣，心想："真是上天保佑！還有，原來食人花的果實真的有療效。"

叮叮想的不一樣，她還在惋惜那24箱寶物，如果潮水沒來得這麼快，一切都會不一樣……

"天哪！"方臉大叔忽然喊，難掩興奮之情，"不會吧？！"

"是真的！它怎麼做到的？我不會在做夢吧？！"悲傷阿姨情緒激動地說。

然後馬力聽到自己的父母在旁竊竊私語，看樣子他們也以為自己眼花了。

"行空，你的雞帶著24箱寶物回來了。"馬力說。

"我知道。"這個小個子男孩不無驕傲地答。

《未完待續》

· · ·

【看不夠嗎？B杜的《馬力歷險記 4 之聖石傳說》正等著您，以下是前三章，先睹為快。】

《馬力歷險記 4 之
聖石傳說》

第1章•咘寶

從可可島回來後，馬力的心情悲喜交織，喜的是父母終於平安歸來；悲的是他倆一回來就被工作單位叫走，目前下落不明。

葛家人同樣悲喜交織，喜的理由和馬力如出一轍，悲的是他們已經在地球上待了近三年，呼吸系統已經發生變化（開始傾向吸氧呼二氧化碳），這不是個好現象。

“孩子們，好久不見，聽說你們完成任務了，恭喜！”巫老師說。

再度看到那張甜美的笑臉，對於心有遺憾的馬力來說，不無小補。

“哎～”孩子們先後嘆氣。

“怎麼是這個反應？我以為你們會開心地歡呼起來。”

行空推一推他的黑框眼鏡，答：“是完成了任務，但馬力的父母後來被工作單位叫走，到現在還是不知所終。”

“噢！可憐的孩子。”說完，巫老師過來擁抱馬力。

幸福來得太快，馬力還來不及享受這個過程，女神就放開他，只留下淡淡的香水味，像混合了蜜柑和海洋的氣息。

“你們有誰能告訴我這次任務都經歷了什麼？”巫老師問。

於是四個孩子你一言我一語地爭相告知，不論當時有多麼驚險，現在說起來卻樂多於苦。

“這麼說，啟塔星人取走了海盜埋藏的24箱寶物，並且承諾5000年內都不會回到地球，”巫老師喃喃道，“既然如此，馬力的父母為什麼不能馬上和他團聚？”

“馬力以為他父母的工作單位又派了新工作給他們，這下子肯定又見不到人了。”叮叮說。

“誰讓妳多嘴？”馬力怒不可遏地問。

“難道不是？”

馬力的確這麼想，但沒有任何徵兆顯示他的擔憂是正確的（但願不是），他很害怕會不幸言中，同時也不高興有人讀出他的心思。

“當然不是。”他假裝信心滿滿，“我父母應該很快就會回來和我團聚。”

“都24小時過去了，要回來早回來了。”咚咚說。

話說得沒錯，但聽在耳裡很不舒服，彷彿預告他的父母又不見了，要不就是不要他了。

“我說他們一定會回來，你們怎麼就是聽不明白？”馬力嘶吼完，衝出教堂。

他以為巫老師會出來找他，結果沒有。這正好，他需要時間和空間獨處一下。

此時小教堂外天朗氣清、惠風和暢，一切是那麼的美好。突然，一個白色的動態影子朝他而來，由遠及近。

“早！”剎車聲響起。

說話的是郵差，身上無一不白。

“巫老師不在。”馬力故意說。

“今天有咘寶的信件，麻煩你轉交一下，”他從白色單肩包裡取出一個約購物袋大小的牛皮紙袋，“應該是從醫院的放射科寄來的。”

“你怎麼知道？”

郵差答只有醫院放射科會使用牛皮紙袋。

馬力沒注意到是不是只有醫院放射科會使用牛皮紙袋，但紙袋上明明寫著寄件人是饅頭山醫院放射科，這不明擺著？

馬力收下牛皮紙袋，問：“為什麼巫老師要到饅頭山醫院看病？”

“這座山叫饅頭山，最近的醫院正是饅頭山醫院。”他答。

馬力問的重點是“為什麼看病”，郵差卻回答“為什麼是饅頭山醫院”，馬力感覺這個人好像活在另一個世界，簡直無法溝通（不過這段對話也不是全然無用，譬如他原以為居住兩年多的山沒有名字，現在終於知道它叫“饅頭山”了）。

“為什麼巫老師要看病？放射科又是個什麼鬼？”馬力接著問。

“放射科不是鬼，它是醫院裡一個集檢查、診斷、治療於一體的科室。至於咘寶為什麼要看病？因為當你們出外旅行時，她摔斷了腿，若不是我進到教堂裡點祈禱蠟燭時發現，估計她現在還不良於行。”

巫老師曾摔斷腿？馬力趕緊問緣由。

“聽說是被一隻雞追，咘寶逃跑時不慎跌倒了。”

雞？是白雪嗎？不對，巫老師應該沒見過它才是，何況白雪為什麼要去追溫柔可人的巫老師？這沒道理呀！

雖然很迷惑，但這件事可以先擺一邊，因為馬力還有更重要的事要做。

“巫老師的名字叫巫咘咘，你可以叫她巫老師、巫小姐或巫咘咘，但請不要叫她咘寶，這聽起來很噁心，即使非常親近的人也不會這麼叫。”他表情嚴肅地對郵差說。

郵差微微一笑，答：“你真可愛，也許你可以問問咘寶允不允許我這麼叫她。”

“我會的，待會兒就問！”他賭氣地答。

第2章・守護巫老師

巫老師來喚馬力進去時，他把饅頭山醫院放射科寄來的牛皮紙袋交給她。

“除了這個，楊坨還說了什麼？”巫老師問。

楊坨就是郵差，但馬力還是習慣稱他郵差。

“郵差說單看牛皮紙袋就知道是醫院放射科寄來的，因為只有醫院放射科才會使用牛皮紙袋。”

“就這樣？”

馬力想了一想，答：“他還說我可以問妳允不允許他叫妳啲寶？”

巫老師聽聞後，臉上有了兩朵小紅花。

“妳該不會真的允許他用這麼噁心的名字叫妳吧？！”馬力問。

“噁心嗎？”巫老師摀著嘴笑，“我倒覺得挺有意思的。”

馬力氣壞了，郵差在吃她豆腐，她卻覺得有意思，這個無腦的女人！

這廂馬力氣得冒煙，那廂巫老師卻絲毫未察覺，所以還有閒情逸致問：“這就是你們今天的談話內容？沒別的了嗎？”

“沒有。”馬力答。

“真的？”

看著巫老師天真的表情，馬力忽然覺得不應該捉弄她，於是答：“他還說妳被一隻雞追，以致摔壞了腿，若不是他及時發現，估計妳現在還不良於行。”

“是的，如果不是他送我上醫院，搞不好我現在連走路都困難。”

馬力很好奇追她的雞長什麼樣？巫老師答它的羽毛像雪一樣潔白，胖嘟嘟的身軀好比氣球，嘴巴還會咕咕咕地叫。

這分明就是白雪，可是巫老師卻表示她不認識一隻叫白雪的雞。

“那麼雞為什麼要追著妳跑？”馬力進一步追問。

“它每次遇到我都很不友善，我也不知道為什麼。”

想到人美心也美的巫老師竟然被一隻雞欺負（而且不止一次），馬力既心疼又生氣。

“妳的腿現在完全好了嗎？”馬力關心地問，已經把方才的不快扔到一邊。

“是的。”巫老師拍一拍她的左腿，“可是我不明白為什麼醫院現在才想起來給我寄X光片？我的腿都已經能跑能跳了。”

馬力告訴她有些醫院的效率就是這麼差，她這還不算什麼，有些病人沒等來病床就死了。

“死了？這太可怕了！我希望自己永遠不死。”

因為女神的這句話，馬力也希望自己永遠不死，這樣他才能永遠守護她。

第3章•複試成績

晚餐桌上，方臉大叔告訴馬力：“今天有你的信，是黃瓜區教育局寄來的。”

馬力想起自己的初中物理競賽，由於不吉格，後來又參加了複試，想必今天的信跟複試成績有關，可是今天早上郵差為什麼不當面交給他？這真奇怪！

“吃完飯，我再看。對了，你今天只收到一封信嗎？”馬力問方臉大叔。

“兩封，另外一封是......”

“葛立～”悲傷阿姨大喊，但隨即降低分貝，“你的手沾上醬汁了。”

今天他們吃燒烤，不止手有醬汁，嘴巴也粘糊糊的，只是馬力不明白悲傷阿姨為什麼要在這個時間點提這個？

方臉大叔用桌布拭去手上的醬汁後，催促大家趕緊吃，因為吃完還得學習呢！

什麼？！從可可島回來才休息一天又得學習？

馬力很想抗議一下，但一想到這家人全是書蟲，他寡不敵眾，還是免了吧！

於是他默默地吃著燒烤，心裡想的是：“不知爸媽今晚吃什麼？”

作者介紹

在異國的背景下加入纏綿悱惻的愛情故事是B杜小說的一大特點 ，她的文筆清新、筆觸詼諧、畫面感很強，讀完小說有種看完一部愛情偶像劇的感覺，特別適合懷春少女及對愛情有憧憬的女性閱讀 。

另外，B杜還創作了系列小說（馬力歷險記、極短篇故事集 、巫覡店等），歡迎關注 。

Also by B杜

《马力历险记 3 之可可岛宝藏》（简体字版） The Adventures of Ma Li (3) : The Treasure of Cocos Island（A novel in simplified Chinese characters)

* * *

《法蘭西情人》 Love in France

《東瀛之愛》 Love in Japan

《新西蘭之戀》 Love in New Zealand

《英倫玫瑰》 Love in England

《愛在暹羅》 Love in Thailand

《情定布拉格》Love in Prague

《獅城情緣》Love in Singapore

《愛上比佛利》Love in Beverly Hills

《夢回楓葉國》Love in Canada

《早安，歐巴》Love in Korea

《我在蘇黎世等風也等你》Love in Switzerland

《迪拜公主的秘密情人》 Love in Dubai

《馬力歷險記 1 之地球軸心》 The Adventures of Ma Li (1) : The Time Axis

《馬力歷險記 2 之黃金國》 The Adventures of Ma Li (2) : Eldorado

《B杜極短篇故事集 (1 ~ 100)》 A Word to the Wise (Tales 1～100)

《B杜極短篇故事集 (101 ~ 200)》 A Word to the Wise (Tales 101～200)

《B杜極短篇故事集 (201 ~ 300)》 A Word

to the Wise (Tales 201～300)

《B杜極短篇故事集(301 ~ 400)》 A Word to the Wise (Tales 301～400)

《巫覡咖啡館之梧桐路篇》 The Witch & Warlock Café on Wutong Road

Also by B杜

《马力历险记 3 之可可岛宝藏》（简体字版） The Adventures of Ma Li (3) : The Treasure of Cocos Island（A novel in simplified Chinese characters)

* * *

《法蘭西情人》 Love in France

《東瀛之愛》 Love in Japan

《新西蘭之戀》 Love in New Zealand

《英倫玫瑰》 Love in England

《愛在暹羅》 Love in Thailand

《情定布拉格》Love in Prague

《獅城情緣》Love in Singapore

《愛上比佛利》Love in Beverly Hills

《夢回楓葉國》Love in Canada

《早安，歐巴》Love in Korea

《我在蘇黎世等風也等你》Love in Switzerland

《迪拜公主的秘密情人》 Love in Dubai

《馬力歷險記1之地球軸心》 The Adventures of Ma Li (1) : The Time Axis

《馬力歷險記2之黃金國》 The Adventures of Ma Li (2) : Eldorado

《B杜極短篇故事集(1 ~ 100)》 A Word to the Wise (Tales 1～100)

《B杜極短篇故事集(101 ~ 200)》 A Word to the Wise (Tales 101～200)

《B杜極短篇故事集(201 ~ 300)》A Word to the Wise (Tales 201～300)

《B杜極短篇故事集(301 ~ 400)》A Word to the Wise (Tales 301～400)

《巫覡咖啡館之梧桐路篇》The Witch & Warlock Café on Wutong Road

www.ingramcontent.com/pod-product-compliance
Lightning Source LLC
Chambersburg PA
CBHW021141080526
44588CB00008B/158
* 9 7 8 1 9 1 3 0 8 0 8 4 6 *